本书为国家社科基金项目结题成果（14BGL154）

学者文库

# "淘宝村"背景下
# 自发式农村电子商务的
# 商业模式创新性复制研究

刘亚军◎著

中国社会出版社

国家一级出版社·全国百佳图书出版单位

图书在版编目（CIP）数据

"淘宝村"背景下自发式农村电子商务的商业模式创新性复制研究 ／ 刘亚军著 . --北京：中国社会出版社，2020.9

ISBN 978 - 7 - 5087 - 6398 - 9

Ⅰ.①淘… Ⅱ.①刘… Ⅲ.①农村—电子商务—商业模式—研究—中国 Ⅳ.①F724.6

中国版本图书馆 CIP 数据核字（2020）第 166631 号

书　　名："淘宝村"背景下自发式农村电子商务的商业模式创新性复制研究
著　　者：刘亚军

出 版 人：浦善新
终 审 人：尤永弘
责任编辑：陈贵红

出版发行：中国社会出版社　　　　　　邮政编码：100032
通联方式：北京市西城区二龙路甲 33 号
电　　话：编辑部：（010）58124828
　　　　　邮购部：（010）58124848
　　　　　销售部：（010）58124845
　　　　　传　真：（010）58124856
网　　址：www. shcbs. com. cm
　　　　　shcbs. mca. gov. cn

中国社会出版社天猫旗舰店

经　　销：各地新华书店

印刷装订：三河市华东印刷有限公司
开　　本：170mm×240mm　1/16
印　　张：14
字　　数：160 千字
版　　次：2020 年 10 月第 1 版
印　　次：2020 年 10 月第 1 次印刷
定　　价：85.00 元

中国社会出版社微信公众号

# 序　言

　　借助电子商务的东风，中国农村迎来了前所未有的发展机遇。自21世纪以来，许多农村地区正兴起一场由市场主导、自下而上、农民主动参与的"自发式"电子商务变革，农民主动从网店直接获取来自全国的订单，生产制造则交给公司或农户，"农户＋公司＋网络"的商业模式代替了传统的"公司＋农户"模式。在湖北省郧西县、江苏省睢宁县、浙江省丽水市等地，这种模式广泛扩散，一传十、十传百，由此产生了产业集聚。因其网店所驻平台以"淘宝网"居多，而形成所谓的"淘宝村"。自2013年出现第一个"淘宝村"以来，中国目前已经发展出4310个，分布于全国25个省（自治区、直辖市）。在"淘宝村"，农村电子商务区域生态正在以以点带面的态势涌现，打造出以农副产品、家具、手工艺品等为产业的各类特色区域经济形态，带动了农民致富、农村经济发展和社会转型。

　　以"淘宝村"为代表的自发式农村电子商务现象具有重大的实践意义，第一，"淘宝村"是商业模式的创新和生产关系的变革，农户既是生产者又是创业者，形成一种以"农户＋公司＋网络"为主体的商业模式。这种模式完全不同于以往"公司+经纪人+农户"的非网络模式，农民自己掌握网络订单，自己掌握定价权，彻底改变了农民在利益价值链中的地位，有效激发了农民创新和创业的积极性。第二，"淘宝村"是农村经济发展方式的新探索。众多"淘宝村"以短短不到10年时间走出了一条以信息化带动农村工业化的跨越式发展道路，即以发展电子商务带动制造、物流等相关产业的融合发展，进而实现工业化和现代化的道路。第三，"淘宝村"为推进扶贫攻坚提供了新思路。农民充分利用互联网，通过自主的电商创业，打造出区域产业生态，不仅实现了脱贫致富，更重要的是提升了其自身的知识水平，提升了其致富的能力，这种能力会促进乡村振兴。

"星星之火，可以燎原"，这种"农户+公司+网络"的自发式农村电子商务模式具有很强的生命力，发展迅猛，已经引发学术界和政府部门的极大兴趣和关注。刘亚军博士的这本学术著作，恰是在此背景下应时而生。该书以蓬勃发展的"淘宝村"为研究对象，以"探寻火种、烽火燎原"为研究初衷，从微观的商业模式视角切入，分析"淘宝村"商业模式的分类、性质及创新和复制规律，探索"淘宝村"及其产业形成与发展的机理，获得了很多宝贵的发现：一是"淘宝村"的本质及特性。"淘宝村"是自发式农村电商的代表，之所以具有旺盛的生命力，源于其自组织性、变异彻底性和弱路径依赖性，其实质是通过农户电子商务创业，以"点"（商业模式）的创新及裂变复制带动分工细化形成"线"（产业链），规模的扩张进一步带动"面"（区域产业）的发展所引发的产业革命，也是生产关系的变革。二是"淘宝村"商业模式的复制扩散。每个"淘宝村"都有自己的种子商业模式，都由种子商业模式扩散形成。种子商业模式的典型特点是具有很强的可扩散性，并能以四个特性来衡量：价值性、可模仿性、可容纳性和优势性。种子商业模式的产生及其复制扩散是"淘宝村"产业集聚进而形成"淘宝村"的两个关键环节，互联网激能为种子商业模式的产生提供了必要条件，也间接促进了商业模式的复制和扩散。三是"淘宝村"的商业模式分类。"淘宝村"商业模式的共同特点是"农户＋公司＋网络"，并有十六类衍生模式。以其商业模式可扩散性进行指标聚类可以将"淘宝村"分为四类：规模加工型、封闭发展型、局限发展型和寄生发展型。此四类"淘宝村"具有不同的产业发展规律，其中以规模加工型最为有发展前景，最具推广价值。

该书在理论层面的创新主要来自两方面。首先，自发式农村电子商务走的是一条由市场主导、自底向上发展的新路径。作者从商业模式的微观视角切入这一充满时代气息的新课题，提出以平台为基础的"商业模式创新性模仿＋裂变式扩散"的农村电子商务"点线面"的发展逻辑，这不仅是商业模式创新与复制理论在中国的应用和发展，也是农村电子商务及产业发展理论的新发现。其次，该书基于商业模式通过互联网和农村"熟人社会网络"的"双网传播"的特征，从隐性知识和显性知识传播的角度揭示了互联网时代农村创业集聚与产业形成的机理，为研究数字赋能和金字塔底层创业提供了新的洞见。

因互联网和农村电子商务的发展日新月异，囿于研究样本量及研究周期的局限，该书的一些观点和认识可能还有待时间来检验，而"淘宝村"的发展也日新月异，需要进行长期的跟踪。此外，该书主要关注了"淘宝村"发展，但毕竟农村电商还有其他更多、更丰富的形态，今后的研究还可以扩展到其他平台及产业领域。最后，农村电商发展过程中政府的角色也非常重要，尤其在电商扶贫等领域，政府的作用和边界、政企如何互动以助力农村电商发展等，都是值得关注的课题。

中国的电子商务发展正方兴未艾，讲好中国故事、解决好中国问题是时代赋予中国学者的使命。刘亚军博士的研究能够扎根乡村热土，既来源于实践，又高于实践并服务于实践，在他身上，我们感受到了作为一名青年学者的朝气与担当。湘潭是毛主席的家乡，湘潭大学是毛主席亲自倡办并题词的学校，我衷心希望湘潭大学能够涌现出更多优秀的学者，培养更多优秀的人才，也希望刘亚军博士能够"不忘初心、牢记使命"，谦虚谨慎、砥砺前行，为我国的电子商务理论和实践发展作出更大的贡献。

在电商助力抗击新冠肺炎疫情的今天，该专著的出版更有特殊意义。是为序。

教育部电子商务类专业教学指导委员会副主任委员

西安交通大学教授、博士生导师

李琪

2020 年 4 月 30 日

# 目　录
## CONTENTS

# 第 1 章

# 绪　论

## 1.1　研究背景与问题提出

### 1.1.1　农村电商迅速发展

中国业已成为全球电商发展的领头羊。随着交易信任、支付工具和消费习惯等电子商务发展基础条件的逐步成熟，中国巨大的网购市场潜力得到快速释放（荆林波，2013）。当前，互联网经济已经成为中国经济增长的新动力，不仅孕育出大量的新兴产业，也带动了传统产业的转型升级，并向农村地区加速渗透。

农村人口多处于金字塔的底层（BOP，Bottom of The Pyramid），相比城镇而言，农村基础设施落后，人才、资金等要素匮乏（李玲芳，2013）。但是，当中国广袤的农村地区接入互联网之后，这一切都在悄然变化。通过实施"宽带中国"战略和村村通工程，中国农村的网络基础设施得到大幅的改善，2018年，中国网民人数达到8.12亿，其中农村网民人数达到2.22亿（CNNIC，2019），农村互联网普及率达到38.4%（图1-1），预计到2020年，宽带网络将基本覆盖所有农村。信息的联通为农村带来了多方面的利益：第一，缩小了城乡数字鸿沟。通过互联网，闭塞的农村变得开放，农民可以足不出户即了解外界的信息。即时通信、信息搜索、网络视频、网络音乐和网络购物成为排名前五位的需求（CNNIC，2019）。第二，扩大了市场机会。接入互联网即意味着有机会对接全球市场，巨大的市场需求向农村敞开。2018年，中国网络零售规模达到7.18万亿元，其中，天猫、京东、淘宝等成为国内最大的电商交易平台，一些农户还通过亚马逊、EBAY、WISH和速卖通等跨境电商平台买卖全球。第三，增强了城乡互动。城市网民在消费升级的过程中对农产品、乡村旅游等领域产生了巨大需求，而农村网民的增加也为工业品下乡带来更大的机会（邱泽奇，2018）。2018年，中国网络零售总额中，农村网络零售额达到1.37万亿元。第四，弥补了农村在其他生产要素方面的劣势。当城市消费需求对接到农村之后，销售的增加能够倒逼农村基础设施建设和要素聚集优化，最终实现农村经济社会的跨越式发展（刘亚军，2018）。

在此背景下，中国的农村电子商务也迎来了发展的春天。政府和市场等各方力量纷纷助力，推动农村电商在广度和深度上迅速发展。自2015年以来，历年的中央一号文件均对农村电子商务工作作出专门部署，党中央及国务院《关于加快发展农村电子商务的意见》《推进农业电子商务发展行动计划》等数十个文件先后发布，电子商务进农村综合示范、"互联网＋"现代农业等工作从中央到地方相继启动。而在市场力量方面，资本和电商巨头竞相角逐这一蓝海市场，从最初的刷墙，到真金白银的渠道和物流体系建设；从阿里的千县万村计划，到京东的"3F"战略；从线上平台的农产品特色馆，到线下的农村电商县乡村三级服务机构，农村电商无论从发展环境、发展规模及质量方面都得到了前所未有的发展水平，尤其在扶贫工作方面，电子商务已然成为扶贫的关键抓手。将贫困地区的特色产品通过电商渠道销售出去，不仅实现了贫困户的增收，也实现了输血式扶贫向造血式扶贫的转变。

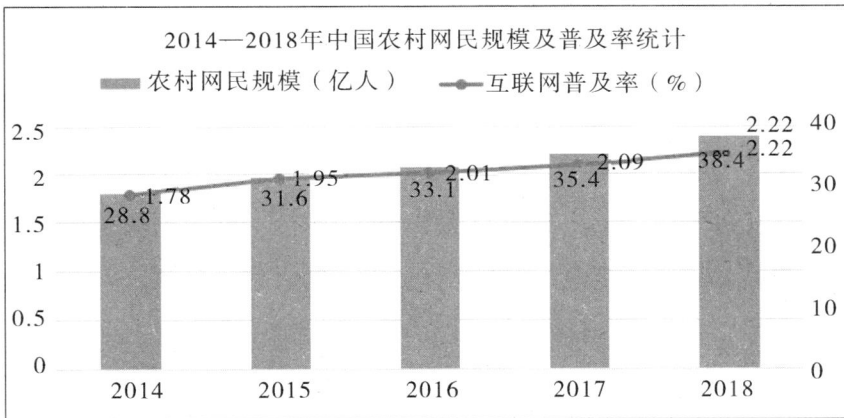

图 1－1　中国农村网民规模及普及率

数据来源：CNNIC，第 42 次中国互联网发展状况统计报告。

## 1.1.2　农村电商发展的"淘宝村"现象

自 2007 年开始，随着"淘宝网"等电商平台的崛起和网购人群的快速增长，一些农村地区的创业者开始接触互联网并尝试通过网店销售当地的一些特色产品,因为适销对路,市场巨大,因而迅速获得成功,并带动当地村民纷纷跟进,形成裂变式发展,进而形成规模产业。因为多数网店集中在"淘宝网",根据阿里研究院的定义,将这样的成规模的电商专业村称之为"淘宝村"。自 2013 年出现第一个"淘宝村"以来,中国"淘宝村"的数量呈现倍数增长,到 2018 年末已经达到 3202 个。一些地方由于"淘宝村"的集聚形成淘宝镇,全国已经有淘宝镇 363 个。

这些"淘宝村"最早出现在江浙粤等沿海地区,并迅速向内陆蔓延。其中,除直辖市外,浙江、广东、江苏、山东、福建及河北排在"淘宝村"数量的第一梯队,均超过 200 个,其他如四川、湖南、吉林、山西、广西、贵州、宁夏、陕西、新疆、云南等省区均出现了"淘宝村"。这些"淘宝村"中,很多曾经是省级乃至国家级的贫困村,由于网销带动生产经营,其他配套产业随之跟进,甚至倒逼基础设施建设。在此过程中,农民通过创业带动就业,收入增加,安居乐业,走出了一条以信息化带动经济社会跨越式发展的新道路,也成为世界包容性发展的典型模式,引发印度、非洲各国等发展中国家竞相学习。

从"淘宝村"的发展特征看,基本都属于由市场自发形成,裂变式生长,最后形成产业,而且每个村都有一个核心的商业模式,即从某一个成功的商业模式开始,被同村其他农户模仿复制,形成商业模式的裂变式发展。

传统上,农村经济发展,包括农村的信息化建设基本都是采取的政府主导、自上而下的模式,而"淘宝村"则走出了一条完全不同的道路。可见,"淘宝村"现象对于探索信息时代农村经济发展的新模式,对于扶贫和包容性发展，都具有非常重要的借鉴价值。但因为"淘宝村"是互联网时代出现的新兴事物，其发展模式与传统模式有根本的差异，无论从理论还是从实践上都有新的规律，尚有诸多问题需要解答。从微观视角来看，其核心在于商业模式的创新与复制。那么，"淘宝村"的商业模式是如何产生的？有何特征？为何会出现裂变式成长？如何推动"淘宝村"模式在其他省份尤其是落后地区的普及与复制？其复制规律是怎样的？有哪些模式可供借鉴？这些问题仍有待解答。

## 1.2 研究目的与意义

### 1.2.1 研究目的

经济发展模式也许难以复制，但商业模式是可以复制的。本书基于当前中国农村自发式电子商务发展"星火燎原"的现实，以"淘宝村"为背景，以"寻觅火种"和"吹火燎原"为研究初衷，从商业模式和农户创业的微观视角，研究自发式农村电子商务的商业模式的创新与复制规律。通过识别"淘宝村"不同类型商业模式的特征、前提条件，揭示其产生与扩散机理，进而如何形成产业的过程，以便其他落后地区进行创新性复制和借鉴。

所谓"创新性"复制，是指在复制商业模式的过程中需根据主体的具体情况进行创新性设计，而不是完全照搬旧有的模式，并体现为

"种子商业模式创新＋复制扩散"两个阶段。在本书中，拟以国家级贫困县湘西龙山县为宿主，进行应用。

### 1.2.2 研究意义

在理论上，自发式农村电子商务模式本身是对传统的自上而下的农村信息化思路的颠覆。我们从商业模式的微观视角切入这一充满时代气息的新课题，挑战"农村不适合做电子商务"的传统观点，提出"商业模式创新性模仿＋裂变式普及"的农村电子商务"以点带面"的两阶段发展逻辑。我们以为，这是对现有农村信息化理论的突破，也是对商业模式理论的发展。

在实践上，通过找到"淘宝村"商业模式产生与发展的规律，再加以创新性复制和推广，蔓延全国，逐渐完善，则不仅能够有效化解农村小生产和大市场之间的矛盾，而且能以信息化带动工业化，促进农村经济社会转型，为乡村振兴及中国城镇化问题的解决提供新思路。

## 1.3 研究内容与思路

本书主要分为三个阶段，各阶段具体研究内容和研究思路如下（图1－2）：

（1）第一阶段：文献梳理与调研

系统梳理关于商业模式、农村电子商务、农户创业等方面的理论文献，形成理论框架。

全面搜集中国"淘宝村"的相关资料。选取全国第二批多个"淘宝村"作为典型案例，进行田野调查和深度访谈，获取一手资料，取得感性认识。此外，通过网络渠道，从新闻、视频、微信、微博、报告、数据库中搜集关于"淘宝村"的二手资料。通过对一手和二手资料的解读，调整理论框架并形成研究思路。

（2）第二阶段：理论研究

其一，"淘宝村"的商业模式分类，回答"淘宝村"商业模式是什么的问题。主要基于全国"淘宝村"的二手数据，从不同的维度对其商业模式进行分类，利用统计软件进行归纳和描述。

其二，种子商业模式的产生机理，回答"淘宝村"商业模式如何产生的问题。每个"淘宝村"都有其主打商业模式，且由种子商业模式扩散而来。本部分主要基于田野调查和深度访谈的一手数据，以及各种途径获得的二手数据，运用质性研究方法探索种子商业模式创新和产生的机理。

其三，商业模式复制扩散机理，回答"淘宝村"商业模式如何复制扩散的问题。与上一研究类似，运用质性研究方法探索商业模式复制扩散的机理，在所获资料的基础上形成理论。

其四，农户创业视角下社会网络、商业模式创新对竞争优势的影响，回答"淘宝村"商业模式创新的前因后果，以及"淘宝村"创业为何成功的问题。在大样本问卷调查的基础上，运用统计回归方法，分析社会网络、商业模式创新对农户创业竞争优势的影响，以及商业模式创新的中介效应。

其五，商业模式的可扩散性与"淘宝村"产业发展，回答不同可扩散性类型的"淘宝村"产业如何升级发展的问题。以全国第三批"淘宝村"名单为样本对其商业模式进行指标打分，据此进行统计聚类分析，并分析不同类型下"淘宝村"的产业升级规律，进而提出"淘宝村"产业升级的对策建议。

其六，商业模式视角下"淘宝村"的产业演化，回答"淘宝村"产业如何发展演化的问题。基于前面的研究，运用演化经济学方法，对"淘宝村"的产业演化规律进行规范研究，并提出促进"淘宝村"产业发展的总体建议。

上述研究中，前四个是从微观层面解答"淘宝村"商业模式是什么、如何产生与复制以及为什么成功的问题，后两个是从中观产业层面回答"淘宝村"的商业模式对其产业演化的影响及如何演化的问题。

（3）第三阶段：应用研究

将前述研究成果加以应用，用于指导湘西龙山县自发式农村电子商务发展。

其一，探索龙山县农村电子商务的种子商业模式。首先，运用种子商业模式的判断标准，对龙山县农村电子商务的主打产品进行选择与定位。以此为基础从经营模式、盈利模式等方面提出创新建议。

其二，针对种子商业模式扩散提出建议措施。为促进种子商业模式的裂变复制，从赋能和激活两方面提出政策建议。

文献梳理

两个典型"淘宝村"实地调研　　全国"淘宝村"的二手资料搜集整理

微观

"淘宝村"的商业模式分类

| 按价值主张分类 | 按经营模式分类 | 按盈利模式分类 | 按交易结构分类 |

"淘宝村"的商业模式创新性复制机理

| 互联网使能 | 创业学习 | 种子商业模式产生 | 商业模式复制扩散 |

农村电商背景下商业模式创新的前因及后果

| 社会网络对商业模式创新的影响 | 商业模式创新对竞争优势的影响 | 商业模式创新的中介效应 |

"淘宝村"的商业模式可扩散性与产业升级

| "淘宝村"的商业模式可扩散性评价 | "淘宝村"商业模式可扩散性聚类 | 商业模式可扩散性与产业升级 |

"淘宝村"的产业演化研究

| 演化特征 | 演化机制 | 演化路径 |

中观

湘西龙山县农村电商产业实地调研与资料搜集

龙山县电商产业基础条件分析　　龙山县电商产业现状与难点分析

龙山县自发式农村电商的产业定位：土家织锦的潜力分析

土家织锦电商种子商业模式创新

| 定位创新 | 经营模式创新 | 盈利模式创新 | 关键资源能力创新 |

促进商业模式扩散的政策建议

| 数字赋权 | 激活：心理激活、机制激活、品牌激活 |

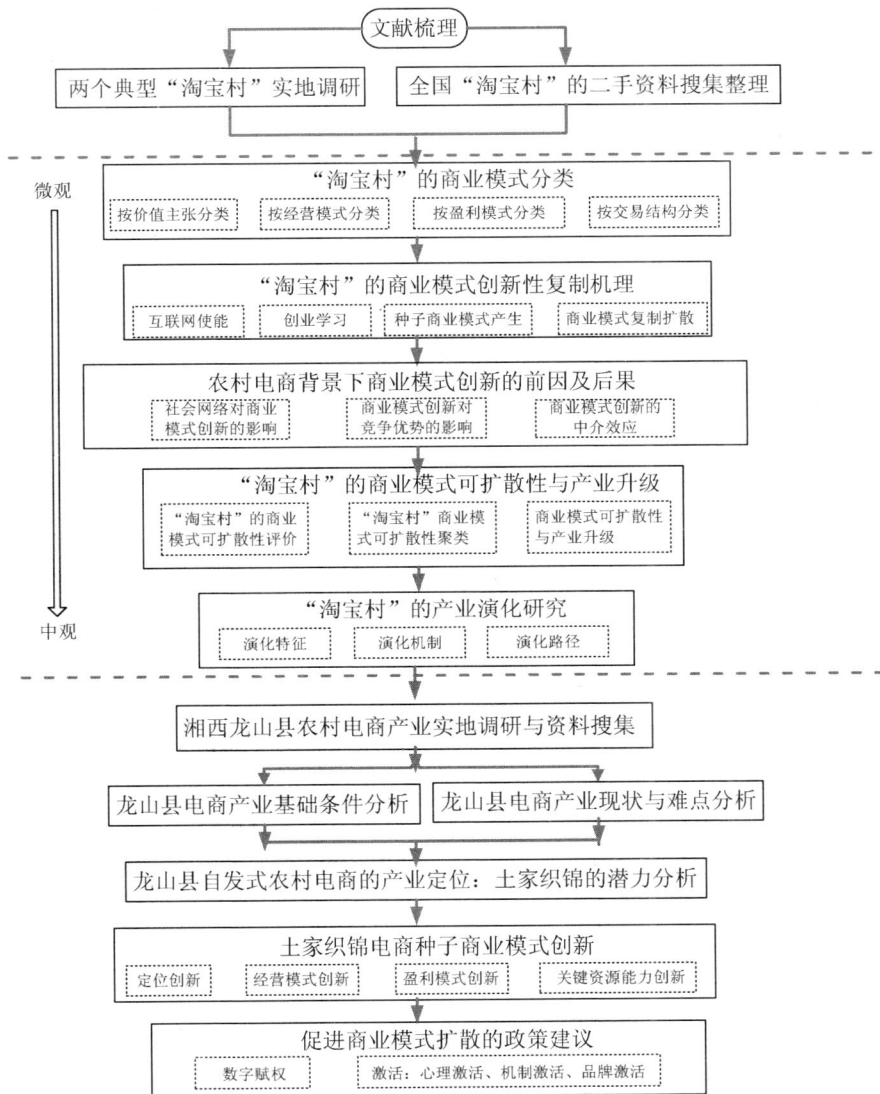

**图 1 - 2　本书的内容与思路**

# 第 2 章

# 概念界定与理论基础

## 2.1  自发式农村电子商务

### 2.1.1  农村电子商务

现有文献对农村电子商务的概念定义，有广义和狭义之分。

狭义的农村电子商务，是指通过电子化（网络）手段进行农村商务活动的一种经济贸易方式，即把农村贸易活动网络化，减少传统贸易方式中的中间环节，实现企业与企业、企业与消费者直接见面，实现农产品跨越国界、省界的大范围、适时、及时的商务联系（刘可，2008；吴春雅、江帆，2018）。

广义的农村电子商务，是指地处农村的生产经营主体利用互联网、计算机、手机等现代信息与通信技术，完成产品或服务的销售、购买和电子支付等业务交易的过程（张艳芳，2016）。

上述两种定义的差异在于涉农的侧重点不同，狭义的定义侧重于农产品的电子商务，广义的定义强调只要生产经营地点在农村就可以，其产品并不局限于农产品，而且不限于贸易，还可包括利用互联网的生产经营活动。采用何种定义取决于要研究的目的，如果研究的目的是针对农产品的，那么可以采取狭义的定义，如果研究的目的是侧重于农村经济发展的，那么可以采取广义的定义。

基于本书的目的，拟采用广义的定义。

## 2.1.2　农村电子商务发展：从自顶向下到自底向上

农村电子商务对经济发展的作用巨大，但目前中国的农村电商还刚刚起步，远未发展成熟，存在很大的发展潜力。从当前的发展实际和理论观点看，存在两种发展思路，一种是自顶向下，由政府主导的，另一种是自底向上，由市场推动的。

自顶向下的发展思路的指导思想源于两个方面：其一是源于对农业农村市场失灵的认识，即农村市场从生产的三要素：土地、资金和人力三方面都存在市场失灵。首先，土地是有限的，在中国农村土地既是生产要素又具有财产和社会保障的属性。其次，资本是逐利的，农村的生产率相对低下，无法获得足够的市场资本支持。再次，农村地区人才短缺，又进一步加剧了其生产率的低下（温铁军，2002）。这些都说明，农村电子商务市场存在大量的市场失灵，如果仅靠市场的力量，是很难得到有效发展的，必须有政府的力量进行干预。其二是源于长期以来我国政府对"三农"问题及农村信息化问题的重视。我国人口众多，无粮不稳。而在我国的工业化和城镇化进程中，农业农村信息化又是必须要解决的基础性问题。更重要的是，农村电子商务，可以作为促进农业农村信息化，消除贫困，乃至以信息化带动工业化的工作抓手。从2006年到2018年，连续13个"中央1号文件"都提出相关要求，从2015年开始，则明确提出以电子商务进农村作为发展的重点工程。其他中共中央、国务院及各部门相关文件密集出台，发展农村电商可谓不遗余力。

自底向上的发展思路根源于"看不见的手"的经济思想，即认为市场的事情交给市场去做，农村电商的发展本质上是一个可以交给市场进行充分竞争的问题，对待此类问题政府应该"放水养鱼"。但也有些人认为，中国有自己的国情，不能照搬西方的理论，尤其在农村市场，不仅存在市场失灵，而且存在政府失灵和制度缺失，政府很难放手不管，无为而治（郑风田、董筱丹和温铁军，2010）。越来越多的学者认为政府的作用就是消除这两种失灵，降低农业农村市场的交易成本，营造良好的市场环境，做好公共服务，其他的事情交给市场去做，即所谓的政府"不缺位、不越位"（汪向东，2013；刘亚军，2017）。

### 2.1.3 自发式农村电子商务

农村的小生产与大市场的矛盾是长期以来困扰农村经济发展的关键问题，农村信息化也不例外，无论是自顶向下的发展模式还是自底向上的发展模式都鲜有可供推广的模式。究其原因，关键是无论在政府主导的自上而下，抑或市场主导的自下而上的信息化和现代化发展过程中，商业模式缺乏相应的创新，农民在利益分配格局中的弱势地位没有根本改变，运用电子商务的积极性和主动性没有激发出来（姜奇平，2011）。然而，自从有了互联网电子商务，尤其是"淘宝网"等电商平台发展成熟之后，情况发生了转变。一场由市场主导、农民自发参与的电子商务变革正悄然兴起。农户自己从网店直接获取来自全国的订单，生产制造则交给公司，"互联网＋农户＋公司"的商业模式代替了传统的"公司＋农户"模式，这种模式不仅能够自发产生、快速裂变，而且具有顽强的生命力，更加持久有效，带动农民增收致富，实现"山乡巨变"。"淘宝村"正是这种新模式的典型代表（郭承龙，2015）。

所谓自发式农村电子商务，是指一种由市场主导、农户自发、自底向上的农村电子商务发展模式，起源于农户电商创业，进而形成规模和聚集效应，带动相关产业发展和就业，最终实现经济增长和社会发展。"淘宝村"的发展模式，多数都属于此类，因而成为一种现象，值得深入研究。

## 2.2 商业模式及其创新与复制

### 2.2.1 商业模式的定义

在宏观企业管理研究领域，商业模式理论的影响力越来越大

（Bashir & Rajesh，2019），在电子商务、战略和技术管理等方面有着极为广泛的应用（Zott et. al.，2011；Spieth，Schneckenberg & Ricart，2014）。

从不同的角度，商业模式有着不同的定义。创业和战略领域的学者将其定义为企业的关键业务流程及其连接模式（Zott et. al.，2011），或是企业如何买卖产品（服务）并获得利润的表述（Osterwalder，2004）。国内学者从交易的角度将其定义为"利益相关者之间的交易结构"（魏炜、朱武祥和林桂平，2012）。目前学界比较普遍采用的一个定义是Teece（2010）从价值过程的角度作出的，即"企业创造价值、传递价值和获取价值的机制"。

## 2.2.2　商业模式的构成

相对而言，对商业模式的组成结构的研究众说纷纭，尚未有比较统一的认识（Foss & Saebi，2017）。从交易的角度看，Zott & Amit（2008）将其分为交易内容、交易结构、交易治理及价值主张。Chesbrough & Rosenbloom（2002）将其分为价值主张、市场细分、价值链结构、成本结构与潜在收益、价值网络定位和竞争策略。从设计的角度看，Mitchell & Coles（2003）提出了一个比较清晰的划分方法，用7个问题来代表，即"谁、什么、何时、为何、哪里、如何、多少钱"。在业界比较流行的一种划分方法即Osterwalder等人（2005）提出的商业模式画布，分为价值主张、客户细分、客户关系、渠道通路、收益来源、关键资源、关键业务、合作伙伴和成本结构九大部分，并逐渐得到广泛应用。

本书在此商业模式画布的基础上进行整合,将价值主张、客户细分统称为市场定位(价值定位),渠道通路、关键业务、合作伙伴、客户关系四个方面统称为经营模式,而成本结构和收益来源统称为盈利模式。

### 2.2.3　商业模式创新

随着互联网新经济的崛起,商业模式创新(business model innovation,BMI)正在成为商业模式研究的热点,因为其在解释企业成长及战略过程中起着越来越重要的作用(方晓波,2019)。Zott 等人(2011)认为内容、结构和治理是公司商业模式设计的三要素,商业模式创新就是从这三个要素入手。当前的研究主要集中在三个领域:过程、前因及后果。

其一,BMI 作为一种操作方法。主要的 BMI 方法包括改变价值主张(Miller et. al.,2014;Osterwalder,2004),其原理即寻找新的蓝海,满足客户新的需求,提供相应的产品和服务;优化经营模式或建立价值网络(Casadesus - Masanell & Ricart,2010;Amit & Zott,2012),其原理是通过高效率的、匹配和互补的活动创造价值;培育核心资源和能力(Achtenhagen et. al.,2013;Giesen et. al.,2007;Johnson et. al.,2008),其原理是通过核心资源和能力创造李嘉图租和熊彼特租;调整盈利模式(Johnson et. al.,2008;Itami & Nishino,2010),其原理是丰富收入模式、优化成本结构。

　　其二，BMI 的前因。BMI 受到技术、组织结构、文化、组织惯性、领导力等因素的影响：技术，尤其是颠覆性的技术会极大地影响企业的成本，进而影响 BMI，而且技术的不断变化要求商业模式进行不断创新（Chesbrough，2010；Teece，2010）；组织结构越复杂，层级越多，BMI 越困难（Dmitriev et. al.，2014）；冒险和灵活的文化有助于急速的变革（Slater et. al.，2011），以创新为导向的文化价值观培养了创新性和灵活性（Matzler et. al.，2013）；组织惯性使组织固守旧的模式和流程，抵触变革，因而会阻碍 BMI（Luo et. al.，2012）；领导力在 BMI 过程中能够起到团结队伍、装备技能以及分配资源的作用（Bashir & Verma，2019）。

　　其三，BMI 的后果。商业模式创新对企业经营越来越重要，在竞争优势、企业成长、企业绩效等各方面均有显著的影响。IBM（2006）的一项研究表明，BMI 有助于管理者和企业降低成本、具有战略灵活性、重新聚焦、专业化、开发新的市场机会、降低风险和资本投资。Zott & Amit（2007）将商业模式设计和创新分为两个维度：效率和新颖性，并开发了相应的量表对其进行测量，这为后续的因果研究带来了方便，比如，大量研究表明 BMI 正向影响企业绩效（胡保亮，2015），BMI 能够在以外部协作和合作伙伴关系为中心的企业模式中带来成功和创新。这表明，BMI 也是企业竞争力的重要预测指标（Kranich & Wald，2017）。

### 2.2.4 商业模式复制

尽管商业模式能够成为企业高绩效和竞争优势的一个源泉，但是不具有因果模糊性、社会复杂性和积累性特征，因而是可以被复制（模仿）的（卜毅然、姚超，2011）。互联网时代信息越来越透明，商业模式的模仿复制也越来越普遍，比如滴滴模仿优步，QQ 模仿 ICQ 等，因此也越来越受到研究者的关注。现有的研究主要从三个层面展开，一是从知识学习和传播角度，二是从创业系统的角度，三是商业模式创新与复制的关系。

（1）作为一种知识的复制。商业模式本身也是一种知识，而知识是可以学习、模仿和复制的，甚至，为了避免被竞争对手复制，商业模式也可以申请专利从而被保护起来（刘志迎等，2018）。与知识可以分为显性知识和隐性知识相类似，商业模式中的设备、产品、渠道等实体资源是一种显性资产，其复制相对容易。而其中所包含的知识与能力，比如凭借与关键合作伙伴或顾客的良好合作关系，以及强大的协调能力、管理技能、技术诀窍等，则具有因果模糊性，复制起来相对困难（方晓波，2019）。针对商业模式被大规模复制的现象，王砚羽和谢伟（2015）利用传染病模型研究了商业模式的扩散机制，发现创新源相对规模越大，系统的动态性越强，达到均衡的时间越长；传染率和拒绝率的交互作用影响扩散速度和系统结构，两比例变量的相对差距受到商业模式自身性质的影响。

（2）作为一个创业系统的复制。商业模式的复制是创业过程中出现的一种模仿行为，是指新企业对目标市场上已有企业的产品/服务、日常经营、能力和工艺进行模仿和复制（Samuelsson & Davidsson，2009；尹苗苗、马艳丽等，2016），有助于形成创业集聚。在商业模式模仿时，需要针对商业模式的四个要素，结合自身实际进行模仿：价值主张与市场定位、业务系统和网络结构、盈利模式、关键资源能力（Amit & Zott，2008）。从起因来讲，这种模仿实际上是一种羊群行为（罗琦、罗明忠和刘恺，2016），可以降低创业风险、形成后发竞争优势（尹苗苗、李昀和周冰玉，2017），但竞争的优势更加偏向于能够创造消费需求的服务者（王砚羽、谢伟，2013）。

（3）商业模式创新与复制的关系。从企业竞争角度来看，模仿创业活动与创新创业活动可以同时存在（Koellinger，2008），模仿型创业企业并非一味地模仿，同时也开展创新活动，在创新过程中实现资源积累以获得竞争优势（尹苗苗、马艳丽等，2016）。而根据王砚羽和谢伟（2013）的两阶段模型，这种复制实际上包括源头创新和模仿扩散两个阶段，第一阶段侧重于创新，而第二阶段侧重于模仿。

借鉴以上研究成果，本书认为，在农村电商创业背景下，商业模式的复制不是简单的模仿复制，而是创新性的复制，这有两层含义，一是指复制中有创新，创新中有复制；二是指具有两个阶段，第一阶段是有种子商业模式的创新，侧重于创新，第二阶段是指大规模的复制扩散，侧重于模仿。

## 2.3 农村电子商务模式的分类

农村电子商务模式即农村电子商务的商业模式，按照不同的分类标准可以分为以下类型：

（1）按照交易主体分。将交易主体分成农户（P）、农业公司（B）、农产品经纪人（T）、农业组织（C）、代理（A）、消费者（c）和政府（G）主体的基础上，依据各主体间的不同交易关系可将农村电子商务模式划分为 G2P、P2P、P2B、P2C2B、P2T2B、P2G2B、P2B2B、B2P、复合 B2B、A2A、A2c 和 c2c 等模式（叶秀敏，2011）。

（2）按照交易渠道分。传统的农村电子商务是采用线上销售（购买），线下配送的方式。后来出现了 O2O（ONLINE TO OFFLINE）模式，即线上线下结合的模式，在传统模式的基础上，加入反向的交易环节，即通过二维码等手段把消费者从线下导入线上，引导消费者线上下单交易。这种 O2O 模式不仅能对接大市场的多样化的甚至个性化的需求，还能缩短交易成本与时间成本，满足消费者多层次的购物体验，其典型案例大量出现在体验式农产品及旅游电商中（刘路星、郑蓉蓉和吴声怡，2015）。

（3）按地理标志分。学者汪向东（2011）将一些典型模式以其所在地命名，提出了堰下村模式、东高庄模式、遂昌模式、青岩刘模式和沙集模式等。并且，通过总结这些模式的共性特征，抽取出了"农户＋网络＋公司"的核心模式，并指出这种模式最具可复制性（汪向东，2011；叶秀敏，2011）。据此思路，其后学者们又相继提出了沭阳模式、义乌模式、陇南模式等（于海云、汪长玉和赵增耀，2018；范轶琳、姚明明和吴卫芬，2018）。

## 2.4 农村电子商务模式成功原因解释

一种农村电子商务模式之所以能在某个地区获得成功并实现裂变式发展，其原因究竟是什么？

### 2.4.1 宏观层面的解释

自发式农村电子商务模式的成功，从宏观层面会体现为区域性的创业集聚并依托一个核心商业模式，其成功可解释为要素禀赋、比较优势、制度因素、文化因素等。

（1）要素禀赋。当前云计算、移动互联网等新兴信息服务业的发展，使得农村与城市的资源禀赋差距越来越小，而一些自然资源类的禀赋优势则越发凸显，为涉农在线电子商务平台商业模式创新提供了重要基础（张旭亮、史晋川等，2017）。

（2）比较优势。从城市与乡村互动视角看，农村只有按照其比较优势来发展经济，将自身的比较优势转化为竞争优势，才有可能真正地实现农村经济体制的变革，从而助力乡村的发展（林毅夫，2003；段豫川，1998）。

（3）制度因素。内生的制度因素是一种社会基础设施，在经济发展中起着根本性作用（徐现祥和李郇，2005）。储新民和李琪（2009）通过梳理文献后发现，就发展农业电子商务而言，制度重于技术。

（4）文化因素。文化是一种具有同一价值和信仰的模式，在不断解决实际问题过程中累积形成的规范（Hofstedeo，2003）。Thatcher & Foster（2007）证实了地区的文化对电子商务决策具有显著影响。并且，文化对于农村电商中的特色产品会赋予某种文化认同感，使得消费者愿意为其付费或者因为独特文化符号产生消费冲动（Fritz & Hausen，2006）。

## 2.4.2　微观层面的解释

从微观层面，农村电子商务模式的成功主要可解释为商业模式本身的成功及其所获得的竞争优势。

（1）商业模式的成功。第一是该商业模式能够为包括农民在内的多方主体创造最大化的价值。邢小强、仝允桓和陈晓鹏（2011）认为，只有把穷人纳入消费者中，以一种新的观念去看待穷人收入的特殊性，在此基础上构造出新的商业模式才能撬动农村地区金字塔底层的财富。第二是准确的市场定位。市场定位是商业模式设计的起点（Zott，Amit & Massa，2011），一种成功商业模式的实现，首要前提是选对产品。第三是合理的平台选择（Hsu et. al.，2014）。全国性的大型 C2C 交易平台，为新商业模式的产生提供了基础，小生产通过网络平台实现了和大市场的对接，解决了传统商业模式解决不了的难题。但由于各大电商平

台自身的基因属性不同（如综合性平台、涉农垂直性平台）、平台交易
成本不同和客户规模及细分领域不同等，都要求创业者选择与自身禀赋
相适应的电商交易平台。

（2）竞争优势的获得。任何商业模式的成功，都离不开其自身的
竞争优势。Zott & Amit 等（2011）认为创业者需要从具有比较优势的、
市场缝隙或空白处寻找创业机会，并设计配套的商业模式以建立基础。
农村创业者还需要从各个维度进行综合分析如：地域维度，线上线下维
度以及细分竞争行业维度等。此外还有时机上的先行优势也可认为是一
种竞争优势。Suarez & Lanzolla（2007）认为，在市场上获取成功的早
进入者将获得更高的利润回报，但是他们也面临着更高的失败风险，合
适的市场进入时机对创业者而言至关重要。

## 2.5　农村电子商务模式的障碍因素

相比城镇而言，农村电子商务模式若想获得成功，存在着更多瓶颈
和障碍，其中包括：

（1）经济障碍，比如，信息与通信技术和物流基础设施等不完善
（郑亚琴、郑文生，2007）。规模不经济，即由于乡村地区发展缓慢，
对应的基础设施升级换代面临很大考验，当生产提高到一定规模反而导
致规模不经济现象的出现，阻碍发展（Fraser & Wresch，2005），以及
支付手段的落后（Mercer，2006）。

（2）社会政治障碍，包括正式制度障碍，如法律不健全（Stephens，2001），政策不完善等（储新民、李琪，2009）。另外还有非正式制度障碍，如缺乏信任（Yip，2004），交易习惯未形成等问题（McKinsey，2001）。

（3）认知障碍，如对电子商务的重要性认识不够或存在偏见，某些地方认为电子商务只是简单地把实体交易搬到虚拟的网上，本身就是一种没有前瞻性的认识，错过了发展的最佳时机（Kshetri，2007）。此外，由于农民自身的教育水平和知识结构缺陷，使其没有足够的能力素养去发展农村电子商务（李玲芳、徐思远和洪占卿，2013）。

综上，我们认为，自发式农村电子商务模式的成功并非偶然，且可复制，但相比城镇而言，存在着更多瓶颈和障碍，其成功背后需要有效的商业模式创新、创业学习和配套服务，而现有相关研究成果尚存在以下不足：第一，缺少对现有农村电子商务模式的系统归纳和理论层面的深入解读。自发式农村电子商务模式所包含的商业模式创新纷繁复杂，其种类和成功机理远非"农户＋公司＋网络"可以概括。第二，针对农村电子商务模式分类的研究尚局限于定性的案例总结归纳法，难以体现总体规律，无法挖掘出模式的本质特征。而且只针对已成功模式，难以发现具有潜力的模式。第三，针对农村电子商务模式学习与复制的国内外研究非常少，国外在此领域的研究更是与中国的实践发展相去甚远。针对以上不足，本书拟采用定性研究与定量研究相结合的方法，探索以淘宝村微代表的自发式农村电子商务的商业模式分类、成功要素、创新性复制的过程和机理等问题。

# 第 3 章

# "淘宝村"发展现状及其意义

"淘宝村"是自发式农村电子商务的典型代表（汪向东，2011）。"拉根网线、买台电脑、开个网店就能当老板"，这对于传统上地处农村尤其是偏远地区的农村创业者来说无疑是一个巨大的福音。可以说，电子商务极大地降低了农户创业的成本，让农村独特的优势资源和商品得以更方便地输送到全国乃至全球，也让农民获得了实实在在的财富。很多先行者在尝到甜头之后，带动周围的村民共同致富，成功的模式"一传十、十传百"，迅速发展成为一种区域经济现象，即以网销带动的产业集群式发展的专业村甚至专业镇，"淘宝村"的出现即是这种现象发展的集中体现。在本书中，如不特别说明，均用"淘宝村"来指代自发式农村电子商务。

## 3.1  "淘宝村"的定义及认定标准

"淘宝村"一词最早出现于 2010 年阿里研究院对义乌青岩刘村发

展农村电商的一篇报道,后在其发布的《中国淘宝村研究报告》中给出了明确的定义:"淘宝村"是指"有大量网商聚集,以淘宝为主要交易平台,以淘宝电商生态系统为依托,形成规模和协同效应的网络商业群聚的电子商务生态现象。"(阿里研究院,2015)

阿里研究院认定"淘宝村"的标准包括如下三条:

第一,其单位为村委会,且经营场所在农村;第二,1000 万元以上的电子商务年交易金额;第三,全村家庭数量的 10% 以上都为较活跃的网店,或者全村 100 家以上的活跃网店数量。

随着"淘宝村"的不断发展,形成了"淘宝村"集群和淘宝镇。一个乡镇或者街道有 3 个及以上的"淘宝村"则可认定为淘宝镇;若存在 10 个及以上邻近的"淘宝村",且达到 1 亿元以上的电子商务年交易额,服务商、网商、政府和行业协会联系密切,则可认定为"淘宝村"集群。

"淘宝村"虽然姓"淘宝",但实际上其网商所入驻的平台非常多元化,京东、当当、亚马逊、唯品会等多种电商平台都有涉及,只是因为入驻淘宝网的网店和交易额最大,并且有阿里研究院的专门提法,因而被学术界一直沿用至今。

"淘宝村"是一种电商产业集聚的表现形式,发展较好的甚至形成产业集群,表现为在某一行业的领域内互相关联,在某一地理区域上聚集起来,共同发展相互促进的网商集合。"淘宝村"的产业集群内部以网商为中心,产业链向上延伸至农产品的生产和加工,横向包括一些电商服务企业如物流、外包等服务,各方在产业集群内实现信息和资源的共享和明确的业务分工,通过平台的开放享受综合电商服务。

## 3.2　"淘宝村"发展现状

### 3.2.1　"淘宝村"的数量发展

根据阿里研究院的《中国淘宝村研究报告（2018）》，自 2009 年"淘宝村"萌芽开始，"淘宝村"数量连年翻番，由图 3-1、表 3-2 可知，截至 2018 年年底，全国范围内的"淘宝村"达到 3202 个，共有363 个淘宝镇，覆盖 24 个省市，330 多个县区，人口超过 2 亿，相比2017 年增长 51.1%。

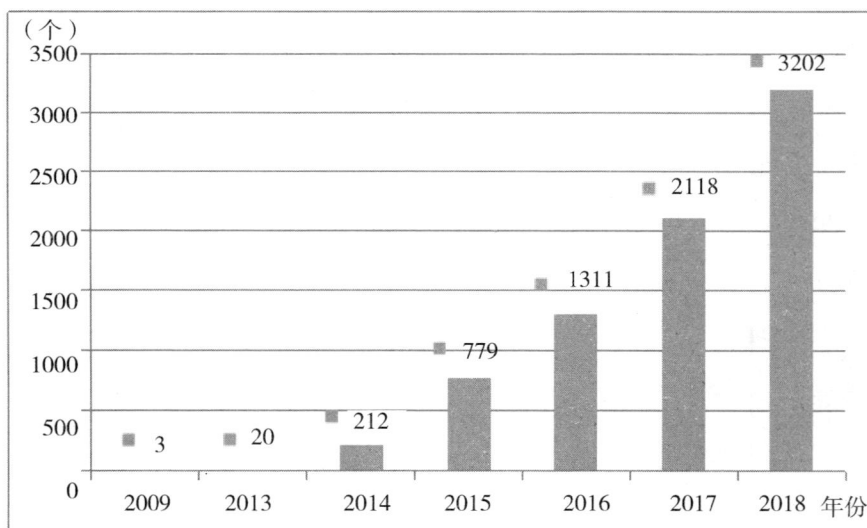

**图 3-1　历年"淘宝村"的数量增长**

数据来源：本书整理。

表 3-1 历年各省份"淘宝村"及淘宝镇数量

| 省份 | 2014年 | | 2015年 | | 2016年 | | 2017年 | | 2018年 | |
|---|---|---|---|---|---|---|---|---|---|---|
| | 淘宝村 | 淘宝镇 | 淘宝村 | 淘宝镇 | 淘宝村 | 淘宝镇 | 淘宝村 | 淘宝镇 | 淘宝村 | 淘宝镇 |
| 浙江省 | 62 | 6 | 280 | 22 | 506 | 51 | 779 | 77 | 1172 | 128 |
| 广东省 | 54 | 5 | 157 | 20 | 262 | 32 | 411 | 54 | 614 | 74 |
| 江苏省 | 25 | 2 | 126 | 11 | 201 | 17 | 262 | 29 | 452 | 50 |
| 福建省 | 28 | 2 | 71 | 7 | 107 | 13 | 187 | 24 | 233 | 29 |
| 山东省 | 13 | | 63 | 6 | 108 | 12 | 243 | 36 | 367 | 48 |
| 河北省 | 25 | 2 | 59 | 5 | 91 | 8 | 146 | 16 | 229 | 27 |
| 河南省 | 1 | | 4 | | 13 | | 34 | 2 | 50 | 3 |
| 四川省 | 2 | | 2 | | 3 | 1 | 4 | 1 | 5 | |
| 湖北省 | 1 | | 1 | | 1 | | 4 | | 10 | |
| 天津市 | 1 | | 3 | | 5 | | 9 | 1 | 11 | 2 |
| 辽宁省 | | | 1 | | 4 | 1 | 7 | 1 | 9 | 1 |
| 江西省 | | | 3 | | 4 | | 8 | | 12 | |
| 湖南省 | | | 3 | | 1 | | 3 | | 4 | |
| 云南省 | | | 2 | | 1 | | 1 | | 1 | |
| 北京市 | | | 1 | | 1 | | 3 | 1 | 11 | 1 |
| 吉林省 | | | 1 | | 1 | | 3 | | 4 | |
| 山西省 | | | 1 | | 1 | | 2 | | 2 | |
| 安徽省 | | | | | 1 | | 6 | | 8 | |
| 广西壮族自治区 | | | | | | | 1 | | 1 | |
| 贵州省 | | | | | | | 1 | | 1 | |
| 陕西省 | | | | | | | 1 | | 1 | |
| 宁夏回族自治区 | | | | | | | 1 | | 1 | |
| 新疆维吾尔自治区 | | | | | | | 1 | | 1 | |
| 重庆市 | | | | | | | | | 3 | |
| 合计 | 212 | 17 | 778 | 71 | 1311 | 135 | 2118 | 242 | 3202 | 363 |

数据来源:阿里研究院,《2014—2018年中国淘宝村发展报告》。

然而在 2009 年,中国仅有 3 个省市,零散分布着 3 个小规模的"淘宝村"。到 2013 年增长为 20 个,2014 年 212 个,2015 年 778 个,直到 2016 年,"淘宝村"的数量大幅度增长,首次突破千位数。这么大幅度的增长很大程度归功于"淘宝村"的集群带动效应。在江苏省睢宁县,自2009年首次出现"淘宝村"以来,在2014年至2018年的5年之间,分别发展为5、22、40、51和92个"淘宝村",在沙集镇已经实现所有村都是"淘宝村",呈现裂变式集群化发展态势(徐杰、罗震东和何鹤鸣,2017)。

### 3.2.2　"淘宝村"的地理分布

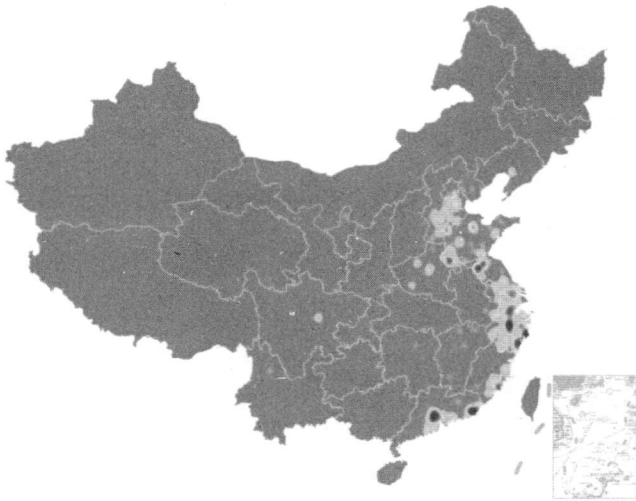

图3-2　全国"淘宝村"各省份分布密集度

数据来源:南京大学空间规划研究中心。

在"淘宝村"的地理分布上,据阿里研究院的报告显示,超过68%的"淘宝村"集中于广东、浙江和江苏这三个省,其中浙江以

1172 个"淘宝村"位居第一,广东 614 个,江苏 452 个紧随其后。在河北、山东、福建地区"淘宝村"的数量都大于 100 个,在中西部的河南省也达到 50 个,并有 3 个淘宝镇,位居中西部之首。

从"淘宝村"分布的全国格局来看,主要集中于东部沿海地区,并呈现"东中西"梯度分布的形状(徐杰、罗震东和何鹤鸣,2017)。在省域层面上,"淘宝村"呈现明显的沿东部沿海地区集聚分布的特征。正如淘宝网一样,"淘宝村"的起源也是从浙江开始,浙江拥有"淘宝村"的数量最多,2018 年的十大"淘宝村"集群(表 3-2),有一多半位于浙江省内。其他紧随其后的分别是广东省、江苏省、山东省、福建省和河北省,都位于东部沿海地区。河南省近年来依托其独特的人文和地理优势发展农村电商,"淘宝村"数量已经超过 50 个,成为中西部地区数量最多的省份。位于中部的江西、河北和安徽以及位于东北的辽宁省,其"淘宝村"的发展也开始进入加速期。除此之外,广大中西部地区的"淘宝村"数量普遍较少,尚有较大发展空间。

表 3-2 2018 年十大"淘宝村"集群

| 2018 年排名 | 2017 年排名 | 省份 | 区县 | 淘宝村数量(2017 年) |
|---|---|---|---|---|
| 1 | 1 | 浙江省 | 义乌市 | 134(104) |
| 2 | 3 | 山东省 | 曹县 | 113(74) |
| 3 | 2 | 浙江省 | 温岭市 | 97(75) |
| 4 | 6 | 江苏省 | 睢宁县 | 92(51) |
| 5 | 非前十 | 浙江省 | 乐清市 | 83(40) |
| 6 | 8 | 浙江省 | 慈溪市 | 78(44) |
| 7 | 8 | 浙江省 | 永康市 | 74(44) |
| 8 | 4 | 浙江省 | 瑞安市 | 71(51) |

| 2018 年排名 | 2017 年排名 | 省份 | 区县 | 淘宝村数量（2017 年） |
|---|---|---|---|---|
| 9 | 5 | 广东省 | 普宁市 | 64（52） |
| 10 | 非前十 | 江苏省 | 宿迁宿城区 | 61（31） |

数据来源：阿里研究院，《2014—2018 年中国淘宝村发展报告》。

## 3.3 "淘宝村"自发式农村电商的特点与优势

### 3.3.1 草根创业

"淘宝村"的创业者多数以村中家户为单位，具有典型的草根性（刘亚军、储新民，2017）。他们通过对市场的观察识别出创业商机并利用当地特色产业、农产品或从外携带项目，模仿或者创新复制其他成功商业模式进行创业。这些创业者中虽然不乏返乡创业的大学生，但大部分文化程度并不高，甚至包括 60 多岁的老人，还有很多是残疾人。正是由于网店创业方便灵活、门槛较低，给了草根创业者更多的机会。

### 3.3.2 自发产生

"淘宝村"的网商创业，其动机多数是看到其他亲戚朋友通过开网店致富了，进而萌发模仿跟进的念头而产生的，属于纯粹以利驱动的市场自发行为。由于电商平台的低门槛创业优势加上农村资源禀赋的独特性，一些先行创业者往往能够比较容易获得成功，且利润丰厚，像下营村的绿松石、平乐村的牡丹画等都是如此。

### 3.3.3 裂变式发展

"淘宝村"的发展无一例外，都是从某一个或几个创业先行者的成功开始的。因其商业模式独特，能够获得丰厚的利润，这些成功者在财富上的变化很快会表现为盖房、买车等"炫富"行为，从而能够很快引起村民的好奇和关注。又由于这些商业模式本身并不复杂，其所依托的资源能力也比较容易获得，农村独特的"熟人社会"也有利于面对面的知识传播，从而能够较快被本村乃至邻村的村民所模仿复制，产生"一传十、十传百"的裂变效应。

### 3.3.4 以家户为单位

"淘宝村"的网商大多以家户（家族）为单位进行以作坊式为主的生产经营。为了降低成本，其加工场所大都在自家住房或附近修建的小厂房，企业的员工数量不多，家庭成员占据大部分，员工分工明确，主要从事简单加工或模仿性生产，生产、经营、仓储都是一体。作坊式生产的科技创新水平较低，大部分采用纯手工或简单的机械生产，小部分领先者会采用较大规模的工业机械化生产。

### 3.3.5 同业集聚

由于大规模模仿复制同一商业模式，"淘宝村"大量网商聚集在同一产业，形成同业集聚。最初，为了降低成本，网商多采取原材料采购、产品生产、网络销售、客服等一体化经营模式，后来会逐步分工并形成一个完整的产业链。同业集聚有助于产生规模经济，降低平均成本，发挥成员之间的协同效应，从而增强区域经济的整体竞争力。

## 3.4 "淘宝村"的政策意义

"淘宝村"的兴起，代表了"互联网＋农村"时代新兴生产力的发展方向，也代表了新的生产关系在农村的成功实践。这种由市场主导、农户自发形成的商业生态和区域产业，具有顽强的生命力（刘亚军、储新民，2017）。其意义至少有三点：

第一，它是商业模式的创新和生产关系的变革。"淘宝村"以"点"（商业模式）的创新及裂变复制带动"面"（区域产业）的发展。"淘宝村"以农户为创业主体，形成一种以"互联网＋农户＋公司"为主体的商业模式。这种模式完全不同于以往"公司＋经纪人＋农户"的模式，农户自己从网店直接获取来自全国的订单，自己掌握定价权，生产制造则交给公司，彻底改变了农民在利益价值链中的地位，有效激发了农民创新和创业的积极性。这种由市场主导、农户主动参与的商业模式创新,本质上是一种生产关系的变革(刘亚军、储新民,2017),符合时代的发展潮流,适应生产力的发展需要。

第二,它是农村经济发展方式的一种新探索。"淘宝村"的发展走出了一条以信息化带动工业化的跨越式发展道路,即以发展电子商务带动制造、物流等相关产业的发展,进而实现工业化和现代化的道路。

第三,为推进扶贫攻坚提供了新的思路。农民充分利用互联网,通过自主的电商创业,不仅实现脱贫致富,更重要的是提升了其自身的知识水平,提升了其致富的能力,这种能力不会随着政策和环境的变化而改变,从而实现永久脱贫。

# 第4章

# "淘宝村"的商业模式分类

## 4.1 "淘宝村"商业模式的共同点

### 4.1.1 以"互联网+农户+公司"为典型模式

在传统的"公司+农户"或"公司+经纪人+农户"模式下，农民与市场的信息是不对称的，其地位处于价值分配的最底层。电子商务引入之后，"淘宝村"形成了全新的"互联网+农户+公司"的商业模式，农户自己从网店直接获取来自全国的订单，生产制造则交给公司，因而完全不同于传统的"公司+农户"模式。这里的互联网，是市场化的公共电子商务交易网络和平台，农户在这上面从事网销，不用花国家财政一分钱，自身应用成本也低，收效显著；这里的农户，是在家中就可直接对接市场、主动掌握信息，自主经营、按需生产的平等的市场主体；这里的公司，更多是土生土长的农户成立的新公司，由此为基础结合其他市场元素，构成为农户网商服务的新生态。可见，"互联网+农户+公司"的商业模式彻底改变了农民在利益价值链中的地位，其创新和创业的积极性被有效激发出来。

（1）互联网电商平台的类型

"互联网"角色的作用是为交易主体提供交易平台，打破信息不对称。按交易类型可分为B2C（企业向消费者）、C2B（团购）、C2C（消费者向消费者）和B2B（企业之间），典型的农村电商平台类型及案例如表4－1所示：

表4－1 根据不同类型电商平台划分的商业模式

| 交易平台类型 | 举例 |
| --- | --- |
| C2C 交易平台 | 淘宝 |
| B2C 交易平台 | 天猫、京东 |
| B2B 交易平台 | 1688 |
| C2B 交易平台 | 拼多多 |

（2）农户和公司组合的类型

"农户"作为农村电子商务创业的主体，根据其网店所售商品品牌来源可分为无品牌网店、加盟或代理品牌网店、自主品牌网店三类，从无品牌到自主品牌，其创业成本依次提高，销售利润依次提高；按货源和交易角色可分为自产自销、本地产品网销经纪人、外地产品网销代理。

公司作为参与交易或协助交易的组织，按其法人性质和作用可分为一般公司和专业合作社两种。公司的主要作用是解决交易主体的合法性及增强交易可信度问题，合作社作为以农户为成员的企业法人，其作用是提高商品质量、提高品牌附加值、降低生产和交易成本等。

在不考虑"互联网"平台的条件下，"农户"+"公司"模式可产生多种衍生类型，其具有典型代表意义的类型和案例如表4－2所示：

表4－2　不考虑"互联网"交易平台变量下的"农户"+"公司"的衍生模式类型

| 模式 | 含义 | 举例 |
|---|---|---|
| 农户+公司 | 农户在家创业，自主注册公司和品牌，进行生产和销售 | 江苏：简易家具的沙集模式 |
| 农户+经纪人+公司 | 农户在网上开店，并作为经纪人帮助村民销售本地特产 | 四川：土特产的青川模式 |
| 公司+农户 | 农民企业家借助互联网创立公司品牌，在当地发展加盟网店代销+代工厂生产、品牌+渠道经营的模式 | 浙江：户外用品的北山村模式 |
| 农户+公司+合作社 | 农村种、养殖户利用电子商务实现快速发展，形成以网销打造知名品牌、以专业合作社整合资源 | 福建安溪：茶叶的中闽弘泰模式 |

以上4种类型再与互联网交易平台的4种类型相结合，可产生16种衍生模式。一家农户所采用的模式不局限于一种，有的甚至多达十余种，比如选择多个网络平台，或同时既跟合作社合作，又有自己的公司，这样做通常是为了扩大商品的销售渠道和增加货源。

### 4.1.2 以淘宝网为主要销售渠道

"淘宝村"中农户电子商务创业所选择的交易平台几乎无一例外经历了这样一个变迁的过程：初期起步阶段基于淘宝平台，发展到一定规模（年销售额100万元以上）就会考虑进驻天猫平台，当天猫平台竞争过于激烈时，则考虑多平台同时销售，或转移平台到京东、当当等。这种规律的存在背后，是基于创业成本的考量下，创业者与电商交易平台相互适应的结果：在创业初始阶段，在人力、物力、财力欠缺的条件下，选择淘宝作为交易平台，是因为它不收租金、进驻门槛低、开店和管理都比较简单、方便，"拉根网线、买台电脑，就可以在家中创业"。发展到一定阶段，一方面是创业个体自身的规模和实力壮大了，有实力进驻更高的平台，另一方面是淘宝平台自身的缺陷（低品质、同质竞争激烈，展示优先级不如天猫）逼迫创业者转移平台。随着天猫平台的竞争日趋激烈，利润率下降，越来越多的创业者选择了京东、当当等交易平台。最新的调查表明，随着微店、拼多多、抖音等新电商平台的崛起，农村网商将有越来越多的新选择。"淘宝村"卖家所选择电子商务交易平台的比例如图4-1：

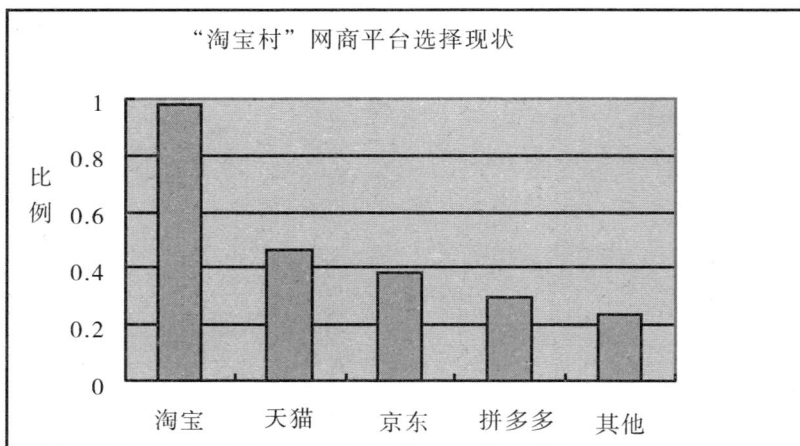

图 4 -1 "淘宝村"网商电子商务平台选择

数据来源：本书整理。

### 4.1.3 依托第三方物流进行配送

网货要走出大山，从农村上行到城市，需要强大的物流系统的支持，而这往往又是农村电商的痛点所在。基础设施及物流的落后，导致农村电商的物流成本远高于城市。而单个网商的物流配送业务，不可能凭一己之力完成，只能交给第三方物流公司。"淘宝村"电商的发展，无疑得益于近年各地农村在互联网、交通基础设施方面的完善，也得益于资本主导下各大电商平台、各大物流巨头的农村战略，比如菜鸟和京东。"淘宝村"第三方物流模式的发展，大致经历了以下三个阶段：

萌芽阶段。这一时期，中国的物流快递公司快速发展，县级的物流体系建设初具规模。而在乡镇，尤其是村这一级，由于基础设施不够完善，物流单量非常小，所以快递点多设于县城，县城与乡镇、村之间则是通过快递员连接，其物流运输工具以摩托车和小面的为主。

快速发展阶段。这一时期，随着中国电子商务逐步向农村渗透，以及农村电商创业的兴起，物流快递公司看中了农村这块大蛋糕，四通一达（申通、圆通、中通、汇通、韵达）等新锐纷纷抢滩农村物流市场，而德邦、中国邮政等老牌物流公司也快速跟进。像福建安溪县的尚卿乡，在其设点的物流快递公司从2007年的一两家，到2013年已经发展到30多家，其物流运输工具也从最初的小面的发展到40吨的大型长板卡车。这个时期，在资本助力下，以菜鸟和京东为首的巨头开始发力，开始有计划、有步骤地构建自己的农村物流体系。2013年5月，阿里巴巴、顺丰、三通一达（申通、圆通、中通、韵达）等5家企业共同出资成立了"菜鸟网络科技有限公司"。2014年10月，阿里巴巴宣布启动"千县万村"计划，准备在三至五年内投资100亿元，建立1000个县级运营中心和10万个村级服务站（赵萍，2014）。而京东也紧跟其后，启动了农村电商"3F战略"，包括工业品进农村战略、生鲜产品进城战略和农村金融战略。

整合发展阶段。随着"淘宝村"网销业务的急速发展，其规模效应开始显现，但初期粗放式的发展导致的网商、物流公司各自为政阻碍了"淘宝村"物流的进一步升级，效率难以提升，瓶颈逐渐凸显。因而，一些"淘宝村"开始探索对这些网商及物流公司进行整合，开辟专门的物流园区，发展专门的物流产业。通过集中仓储、统一配送、集体谈判等方式，不仅降低了物流成本，也提高了物流效率。据不完全统计，到2018年底，多数"淘宝村"及几乎所有的淘宝镇都已建立了自己的物流园区。

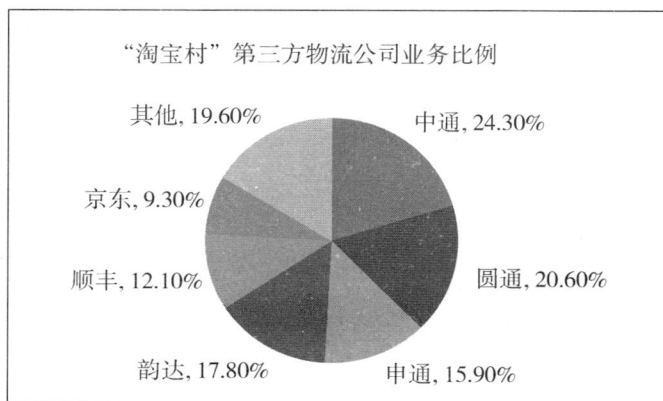

"淘宝村"第三方物流公司业务比例

图4-2 "淘宝村"第三方物流公司业务占比

数据来源：本书整理。

### 4.1.4 定位于劳动力密集的行业

"淘宝村"通过农村电商创业，以网销带动相关产业而形成，其发展速度和发展规模如何，与其所定位的行业息息相关。因技术、资金等要素匮乏，因而多以低端劳动力密集型产业为主。2018年"淘宝村"销售排名前十位的品类中，包括服装、家具、鞋帽、箱包、汽车用品、户外用品、玩具、居家和床上用品等，均属于劳动力密集型行业。相对而言，农产品在"淘宝村"的比重比较小，这主要是因为农产品生产周期长、不易保存等原因，难以产生规模经济（刘亚军，2017）。

表4-3 "淘宝村"销售排名前十位的商品品类

| 排序 | 商品 | 排序 | 商品 |
|------|------|------|------|
| 1 | 服装 | 6 | 化妆品 |
| 2 | 家具 | 7 | 户外用品 |
| 3 | 鞋 | 8 | 玩具 |
| 4 | 箱包皮具 | 9 | 居家日用品 |
| 5 | 汽车用品 | 10 | 床上用品 |

数据来源：阿里研究院。

### 4.1.5 有一定的基础和优势

"淘宝村"都是在市场条件下发展起来的，优胜劣汰的市场法则决定了其商业模式只有具备独特的竞争优势或比较优势才能生存和发展。总结"淘宝村"的现有模式，发现主要依赖于三种类型的优势：

第一，技术优势。一些"淘宝村"所生产和销售的，都是具有独特的当地特色或民族特色的手工艺品，比如草柳编、牡丹画、木雕、石雕、藤铁家具、老粗布等。生产这些产品所需的技术知识虽然并不复杂，但是具有较强的知识隐性，需要经过较长时间的面对面传授和学习才能获得。这种技术的特点是本地的手艺人比较充足，学习成本较低，而外地人要想模仿和学习，则成本太高，因而难以模仿。而如果这种产品的市场需要恰恰又比较大的时候，这类商业模式往往由于网销的增长而能够获得快速的本地化扩散，产业得以迅速发展，形成"淘宝村"，而且能够长期保持竞争优势，但其规模瓶颈在于技术人才的数量跟不上市场需求的增长。

第二，产业基础。一些"淘宝村"是从传统的专业村转型做淘宝而发展起来，本来就有比较好的产业基础，产业链完善，货源充足，因而成本相对较低，创业门槛相应更低。电子商务作为一种新的渠道，为这种产业打开了一个全新的大市场，其发展速度与以往不可同日而语，因而快速形成"淘宝村"。比如安溪县尚卿乡的藤铁家具，清河县葛仙庄镇的羊毛制品，晋江市陈埭镇的服装和鞋，广州新塘镇的牛仔裤，保定市白沟新城的箱包，沭阳县新河镇的花卉，海宁市长安镇的皮草，温州市永嘉县的教玩具等。由于产业基础较好，这些地方的"淘宝村"往往更容易成为淘宝镇。

第三，资源优势。"淘宝村"所经营的一些农副产品或手工艺品，多取材于当地独特的自然资源。这些资源当中，有的比较稀缺，比如绿松石、大闸蟹等，有的资源则并不稀缺，但如果能结合当地的独特的技术对其进行加工，则也能形成比较好的竞争优势，比如博兴的草柳编，仙游县榜头镇的木雕，曲阳县羊平镇的石雕等，都是经过当地手艺人的加工，赋予其更高的技术含量和价值而形成了独特的工艺品。

## 4.2　按价值主张分类

以《中国"淘宝村"研究报告（2014）》[①] 中发布的212个"淘宝

---

① 采用2014年报告的原因有三，第一是"淘宝村"从2013年开始快速增长，2014年数量已经比较大（212个）；第二是当年的报告数据最为翔实，有助于分类研究；第三是之后几年的模式分类占比情况基本稳定。

村"为样本,对每个村的主体商业模式价值主张所涉及的主营产品进行分类,发现主要涉及农副产品、手工艺品及轻工业产品三大类。

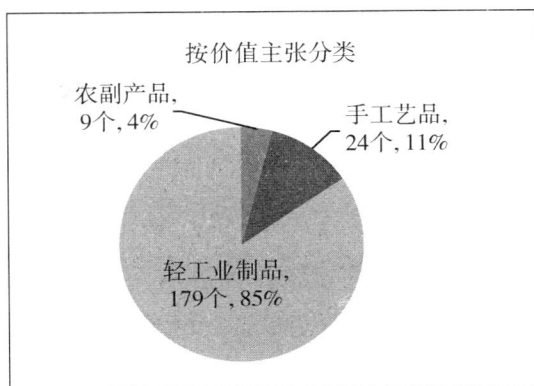

图 4 - 3 "淘宝村"商业模式按价值主张(产品)分类

数据来源:本书整理。

(1)农副产品类

主营农副产品品类的村有 9 个,占所有村的 4%[1],分别经营的是坚果炒货、花卉、大闸蟹、糕点、零食等。这 9 个村都有传统产业,电子商务发展以后,网络渠道销量逐渐超过了传统渠道,其中,沭阳的花卉,阳澄湖的大闸蟹,都是本地原材料,本地生产。临安的坚果炒货,沭阳县新河镇解桥村的糕点,则是采取的本地及外地原材料,本地生产加工。

---

[1] 本章中淘宝村分类数据来源,均系本书基于对 212 个淘宝村的网络调研二手数据及 20 多个淘宝村的一手数据整理而成。

（2）手工艺品类

主营手工艺品类的"淘宝村"有 24 个，占所有村的 11%，分别涉及木雕、饰品、藤铁工艺品及家具、石雕、绿松石、老粗布艺、草柳编制品、宝剑、青瓷等类目。根据其价值主张所定位的需求，又可细分为两类，一类是定位于满足生活实用性大众化需求的，包括藤铁及草柳编加工而成的家具，老粗布加工而成的床上用品等，另一类是满足审美装饰需求的，石雕、木雕、饰品、宝剑、青瓷等类目均属于此。这些村生产经营的手工艺品的原材料大部分都是比较常见的木材、藤、铁、柳条、石头等，利用当地人独特的手艺加工而成，而随着机械自动化加工设备的引入，其加工的速度和精度也在不断增加，质量不断改进。

（3）轻工业产品类

主营轻工业制品的"淘宝村"有 179 个，占所有"淘宝村"的 85%，分别涉及服装（牛仔裤、演出服、童装等）、鞋帽、户外用品、箱包、数码配件、汽摩配件、手机、汽车用品、童车、教玩具、床上用品、家具等品类。这些"淘宝村"普遍拥有较为雄厚的产业基础，产业链较为完善，生产的规模化和自动化程度较高，与电子商务网络销售相互促进、相得益彰：首先，良好的产业基础使得产品在同类中具有成本优势，在网络销售中具有价格优势；其次，大量的农户从事网络销售活动，不仅带动了创业和就业，也带动了生产端的进一步规模化。因此，这类"淘宝村"往往发展速度更快，集群现象明显，多数都已形成淘宝镇。尤其是广东、浙江、福建等省的一些"淘宝村"，因为所处地区相对开放，经济比较活跃，甚至能够生产对讲机、跑步机、数码配件（耳机、充电宝等）等技术含量比较高的产品。

## 4.3 按经营模式分类

每个"淘宝村"都有其典型商业模式,也有其典型经营模式。不同的价值主张定位及自身的资源能力决定了"淘宝村"采取了不同的经营模式,总结起来大致有三种:销售代理型、加工销售型和产供销一条龙型。

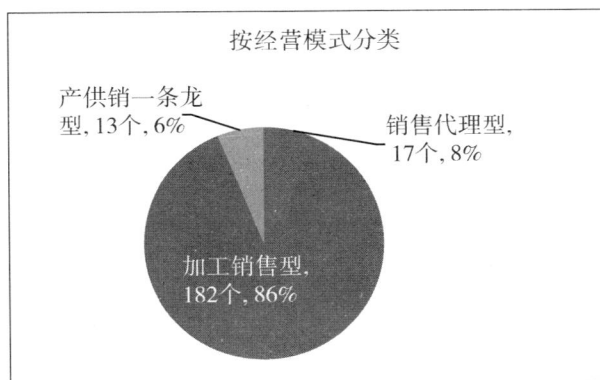

图4-4 "淘宝村"商业模式按经营模式分类

数据来源:本书整理。

### 4.3.1 销售代理型

销售代理型经营模式是指农户利用"淘宝网"或其他电商平台,作为某一种或几种产品的代理、批发或者零售商,这种模式也是纯网商型。这类"淘宝村"数量有 17 个，约占总量的 8%。典型的有普宁市军埠镇、占陇镇，汕头市两英镇和河溪镇，义乌市江东街道等，因为地处沿海开放城市周边，依托城市的工业基础，或者商贸流通的聚集区，然后利用电子商务作为其销售渠道的拓展，一方面有比较稳定的货源，另一方面具有成本和价格优势。但是其发展的前提条件是：不仅需要周边具有较为雄厚的传统产业基础，并且往往对当地电子商务的发展环境有较高的要求。

### 4.3.2　加工销售型

加工销售型经营模式是指原材料主要来自外地，本地进行加工并通过网络进行销售。这类"淘宝村"数量有 182 个，占总量的 86%，可以说是"淘宝村"商业模式的主体。按照加工主体的不同进一步可细分为两种模式：一种是依托本地的少数几个大型生产企业，发展大量的农户进行网络销售。较为典型的有丽水市缙云县北山村的户外用品，以北山狼等几家户外用品公司为龙头，带领全村农户电商创业，发展出上千家网店。另一种是有专门的原材料供应商，农户在自己家中进行加工，并通过网络进行销售。较为典型的有安溪县尚卿乡的藤铁家具和工艺品，因为当地有传统的铁艺手艺，几乎家家户户都可以加工和销售，流行的模式就是前院后厂，楼下加工楼上客服，"儿子开店老子打工"。

### 4.3.3  产供销一条龙型

产供销一条龙型经营模式是指从原材料、生产加工到网销的各个环节都由农户自己完成。这类"淘宝村"有13个，占总量的6%。此类"淘宝村"多定位于农副产品或土特产领域，依托其独特的自然资源和地理条件，农户可以自行生产加工和销售。典型的有龙岩市培斜村的竹席、阳澄湖镇的大闸蟹、沭阳县颜集镇的花卉、临安市清凉峰镇的山核桃等。

随着市场的发展，产供销一条龙模式中会逐渐涌现出一些比较具有较强竞争力的大型网商，其生产经营规模逐渐扩大，脱颖而出，实现分工合作，逐步转变为第二种模式，即加工销售型，把原材料的生产交由专门的企业。随着分工的进一步发展，到最后第三阶段，则会演变为第一种模式，即销售代理型，即生产加工环节也独立出来，而只留下销售环节。但一般由第二阶段发展到第三阶段几乎是不可能发生的，因为相比城市而言，农村更可能留下生产环节，而不是销售环节。

## 4.4  按盈利模式分类

### 4.4.1  赚取进销价差型

此类模式专注于贸易流通环节，通过低价买进、高价卖出赚取差价获利。如果一个"淘宝村"中大量农户采用这种模式,那么一般都是因为周围城镇的产业基础较为雄厚,商贸流通比较发达,只是因为农村的人力和仓储成本相对低廉,而又搭上了电子商务的快车,从而迅速发展起来。一般而言,销售代理型的商业模式,其盈利模式也是此类赚取进销价差型。普宁市军埠镇、占陇镇,汕头市两英镇和河溪镇,义乌市江东街道等都是如此。比如义乌的江东街道,背靠义乌这个全国最大的小商品批发市场,其货源有充足的保证,且进货成本低,然后再利用网络直销这种低成本的销售渠道,相比传统的小商品市场销售渠道,具有更强的价格优势,因而得以发展壮大。但因为没有自己的品牌,完全凭借其价格优势,所以往往竞争激烈,利润较低,难以可持续发展。

## 4.4.2　资产销售型

资产销售型盈利模式即通过售卖自己生产的产品而获利,其前提条件是有自有的品牌,进而按照是否自主生产又可细分为两类,一类是自己生产,另一类是贴牌外包。"淘宝村"基本都属于第一类,即自己生产,自创品牌。典型的例子如睢宁县沙集镇的简易拼装家具,不仅有几十家上规模的家具加工厂,而且多数农户在自己家中就可以进行加工,拥有家具品牌上百个,一些网商还申请了设计专利。第二类贴牌生产的模式非常少,因为对设计、研发和营销环节的要求比较高,所以不会成为某个"淘宝村"的主体模式,而只能为个别有实力的网商采用。比如山东曹县的睿凡工艺品有限公司,同样是从事木制家具行业,在创业之初主要采用第一种模式，即自己生产，而随着公司的规模扩大和行业竞争的加剧，毅然转型轻资产，将生产外包，专注做设计和营销，打造自有品牌，然后赢得了更快的发展。

第 5 章

## 金字塔底层创业背景下"淘宝村"商业模式创新性复制的机理

"淘宝村"的形成过程，实质上是农村草根电子商务的创业过程，而其之所以能获得如此迅速的成功，从微观的视角看，关键还是在于其基因：商业模式。但是，从历史唯物主义的观点来看，"淘宝村"的出现，无疑也是诸多必然性和偶然性交织而产生的。值得注意和思考的是，其一，农村草根创业，无论是在资源还是能力上都存在诸多不利因素，但为何"淘宝村"例外？其二，"淘宝村"现象为何发生在近几年，而不是以前？其三，为什么"淘宝村"首先出现在这里，而不是那里？其四，其他地方如果想发展农村电子商务创业，该怎么做？显然，为了搞清楚上述问题，我们需要放在一个时代背景和国情背景下，以发展的、全局的眼光来看待此问题。

首先，从时代背景来看，"淘宝村"乃至整个电子商务的发展，无疑要归功于互联网的作用，而尤其当互联网渗透到农村地区之后，其共享性、包容性、平等性特征对农村经济社会的积极影响更为突出。其次，从国情和社会背景来看，中国农村独特的地理聚居习性和熟人社会特征，使得信息的交流和创业学习更容易通过面对面的社会网络交流进行，加速了商业模式的模仿。

有鉴于此，本章将从创业及商业模式的视角，回答如下几个问题：第一，商业模式创新性复制的过程和机理，即种子商业模式创新是如何产生的？又是如何实现复制扩散的？第二，在商业模式的创新性复制过程中，互联网及创业学习是如何发挥影响的？

## 5.1　理论回顾

### 5.1.1　互联网 ICT 技术与金字塔底层

低收入的农村人口通常都被认为是金字塔的底层的主体（Bottom of Pyramid，简称 BOP）。近年来，ICT 技术，尤其是互联网的普及和应用，被越来越多的学者看作是对 BOP 的一种赋能（Empowerment）方式，有利于 BOP 群体的发展。Thomas（2008）对印度卡拉拉邦和安德拉邦的农村地区的调查表明，互联网在欠发达地区的应用有利于缩小数字鸿沟，有利于这些地方的人们获取信息并将信息转化为有用的知识。Spence & Smith（2010）认为，手机保有量的增长对面向 BOP 市场的低边际收益、高市场容量的商业模式提供了存在的可能，它直接推动了各类面向农村的商业服务的出现：包括银行与金融交易、销售与物流、招聘、私人服务与公共服务。由此也带来了其他方面福利的增长：社会安全、政治参与、尊重和机会。

互联网对 BOP 的赋能主要来自三个方面：结构赋能、心理赋能和资源赋能（Leong et. al.，2015）。结构赋能是指通过改变情境条件进行授权，着重于提高客观的外部条件来给予公众采取行动的力量，主要体现为对渠道、政策等方面的变革过程。心理赋能主要针对改善社会心理、内在动机或个人主观动因（如自我意识、自信等），主要聚焦于如何改善社会心理与增强内生动机等。资源赋能强调资源的获取和控制能力，目的是为了使资源所有权与控制权被真正赋予到位，主要体现为资源的整合过程（胡海波、卢海涛，2018）。

### 5.1.2 金字塔底层的创业学习

由于农村地区在基础设施（交通、电力、通信等）、社会公共服务（教育、医疗等）及制度方面的相对落后，也因为农村人口自身的素质和能力相对低下（Sinkovics，2014），农村市场会面临更高的交易成本，农户的创业也会面临更高的成本和风险（Okpara，2011）。这些主客观因素的制约，使得农户创业过程中需要更多的创业学习（Enterpreneural Learning）。

创业学习是学习知识，以及利用知识学会更好地决策的过程（Minniti & Bygrave，2001）。张敬伟、裴雪婷（2018）提炼出农民创业者的两类（包括直接学习和间接学习）、六种（包括试验学习、试错学习、即兴学习、观察/调查学习、替代学习和外部建议学习）创业学习方式，其实证研究表明，农民创业者的直接学习总体多于间接学习，直接学习中的观察/调查学习、即兴学习以及间接学习中的外部建议学习最为普遍。罗明忠、陈明（2014）将创业学习分为探索式学习和应用式学习，并发现这两种学习都对农民创业绩效有显著正向作用。

### 5.1.3　金字塔底层的商业模式创新

长期以来，金字塔底层市场是一个相对被忽视的研究领域，直到 Prahalad 提出金字塔底层（BOP）的概念之后，才有越来越多的研究开始重视这一主题，并从经济学领域拓展到管理学领域。Prahald（2009）指出，针对金字塔底层市场，企业有可能通过找到一种全新的商业模式，在解决贫困问题的同时，也获得丰厚的市场回报。为何要进行商业模式创新？其原因是金字塔底层市场存在大量的有碍市场交易的因素，不仅抬高了交易成本，也降低了商业模式创新的绩效。Anderson & Markides（2007）把评价 BOP 市场的标准总结为 4 个 A，即可负担性（affordability）、可接受性（acceptability）、可获得性（availability）和可认知性（awareness）。具体的可能降低这些指标的障碍因素如第二章所总结的，主要包括三类，经济障碍（包括基础设施不完善、规模不经济、支付手段的落后等），社会政治障碍（包括法律、政策等正式制度障碍，另外还有缺乏信任、交易习惯未形成等非正式制度障碍），认知障碍（包括认知偏见、知识能力缺乏等）（储新民、李琪，2009；李玲芳、徐思远和洪占卿，2013）。

如何解决金字塔底层市场的上述问题，需要通过更多的商业模式创新，降低交易成本，获取关键资源能力，并提高商业模式的合作价值（刘亚军，2016）。现有文献主要从三个层面提出对策：

第一是从商业模式整体的层面。邢小强、仝允桓和陈晓鹏（2011）认为，金字塔底层的商业模式要建立在低收入群体自有资源能力基础之上，由于价值链缺失与制度空洞，企业需要建立跨部门的价值网络，其中与当地政府的关系是成败关键，企业主要进行连接、学习与利用三类关键活动。范轶琳、黄灿和张紫涵（2015）通过遂昌网店协会的案例研究，发现聚集是 BOP 创新的关键因素，社会中介（网店协会等）在其中起到关键作用。

第二是从价值创造过程的层面。Goyal 等人（2016）将商业模式创造价值的过程拆开，分为价值主张、价值创造、价值传递和价值获取，分别就这些环节提出了相应的商业模式创新建议，比如在价值主张环节提出缩小产品定位，聚焦垂直领域以降低成本和风险，在价值创造和传递环节建立基于本地资源的技术提升与合作体系，以构建自身竞争优势和能力；在价值获取环节要聚焦于成本创新等。

第三是从商业模式各个构成部分。邢小强、仝允桓和陈晓鹏（2011）将面向 BOP 群体的商业模式创新分为价值主张、本地能力、盈利模式、关键活动和价值网络五个部分，并分别提出创新方法。首先，BOP 企业要充分挖掘本地资源的独特价值以弥补其商业运营成本；其次，通过提出新的价值主张，把 BOP 群体与更加广泛的市场经济体系链接起来，促使其对自身的市场角色形成新的认知；再次，在构建价值网络时，需要以企业为主导，构建多元异质性主体组成联合体，通过契约与信任的混合进行治理；最后，有效利用本地能力和合作伙伴资源以降低生产与服务成本，接触并利用 BOP 群体规模，实现商业模式在特定区域的低成本扩张与复制，以获得规模经济和范围经济。

### 5.1.4　简短评述

从以上文献综述可以发现，BOP 市场虽然在资源禀赋和制度等方面存在各种影响交易成本和创业的障碍因素，但是依然有巨大的发展潜力和价值。如何挖掘金字塔底层的财富，实现 BOP 群体及市场的包容性发展，现有的研究主要侧重于外因的介入，宏观层面如利用互联网 ICT 技术，微观层面如进行商业模式创新。但是，针对内因的研究，即 BOP 群体自身如何通过创业中的商业模式创新，带动群体性的商业模式模仿复制，最终实现财富增长和包容性发展，相关研究还比较稀少，本章意图通过将上述理论加以综合，通过典型案例来探究 BOP 创业过程中的商业模式创新复制的机理。

## 5.2　研究设计

### 5.2.1　方法与案例选择

本章旨在从商业模式的微观视角探讨农村电子商务背景下一个地方的 BOP 群体（农户）创业是如何通过商业模式的创新性复制以实现星火燎原的，具体是要揭示种子商业模式如何创新以及如何扩散的过程和机理，采用案例研究方法，其理由是：首先，"淘宝村"现象属中国特有的新事物，并且具有代表性和可推广复制性，适合做案例研究；第二，现有理论难以解释这种新事物如何由点及面实现星火燎原式发展的原因及机理，采用双案例对比研究方法，能够更好地实现对其内在机理和影响机制的把握，从而进行理论的建立和拓展，并能很好地解释"为什么"和"怎么样"的问题。

本章选定发展较早的"淘宝村"典型代表：江苏省睢宁县沙集镇的东风村和山东省博兴县的湾头村两个典型案例进行对比分析，因为两个村的电子商务发展都比较早，且已经颇具规模，媒体的报道相对较多，二手资料比较丰富，也有利于本书进行三角验证。

东风村地处苏北冲积平原，辖村民 1180 户，4782 人，传统上以务农、养猪和回收废旧塑料为生，经济发展落后，2007 年人均年纯收入仅为 4375 元。当时，一个叫孙寒的年轻人，大学毕业后返乡就业。一次偶然的机会，在上海街头看到宜家家具时尚美观但价格高，便萌发了将其模仿、改造并拿到淘宝上卖的想法。低廉的价格和简约时尚的外观引来大量的网购者，初次试水成功后，便引发周围乡亲的争相效仿，从此东风村的简易拼装家具的淘宝模式便蔚然成风，从无到有发展起来。东风村的成功模式还蔓延到其所在的沙集镇和周边地区，截至 2017 年，沙集镇电商交易额达 88.9 亿元、网店数达 1.62 万家，电商相关从业人员 3.77 万人。电商产业成为农民增收的第一动力，农民年人均纯收入达到 11442 元，收入增量超过 50% 来自电商。

湾头村地处鲁北最大淡水湖——麻大湖湖畔，辖村民 1700 余户，6000 多人。丰富的水资源让芦苇、蒲草生长得十分茂盛，自清代以来，村民就擅长草柳编的手艺。贾培晓就是在 2008 年弃城回乡开网店卖家乡的草柳编产品的，在他的带动下，村民们纷纷效仿，2017 年，草柳编年销售额超过 3 亿元，最大的网店年销售额超千万元。直接从业人员突破 1 万人，间接带动周边从业人员 6 万人，其中从事草柳编织 3200 余人（占总人口 65% 以上），人均年收入 18200 元。

## 5.2.2　数据收集与分析

在数据收集过程中，本书借鉴了肖静华、谢康等人的研究中所采用的策略以提高研究的信度和效度，通过深度访谈、现场观察、档案文件、二手资料查询等渠道收集数据。二手资料来源于书籍、网络媒体、电视媒体及报纸杂志等，多元化的数据来源保证了数据的相互补充和交叉验证，以提高案例的效度，通过建立资料数据库，根据内容、获取渠道、获取时间等进行详细分类以提升研究信度。

本书的访谈对象包括东风村和湾头村的 5 类主体：创业带头人、农民网商代表、产业链上下游企业、政府部门、网商协会负责人等。

表 5 – 1　访谈策略

| 采访对象 | 采访目的 | 采访对象 |
|---|---|---|
| 创业带头人 | 了解其最初商业模式形成的过程和创业历史 | Sun①，Jia |
| 农民网商 | 了解各村商业模式扩散及创业集聚形成的过程 | 当地的农民网商 8 家 |

---

① 受访者人名采用代码形式表示。

续表

| 采访对象 | 采访目的 | 采访对象 |
|---|---|---|
| 上下游企业 | 了解整个产业链发展的过程 | 纸箱厂1家、加工厂2家，摄影公司2家、快递公司2家 |
| 政府负责人 | 了解政府的态度和措施 | 村支书、团委书记 |
| 网商协会 | 了解协会在电商发展过程中所起到的作用 | 协会主要负责人 |

根据迈尔斯和休伯曼（2008）提出的建议，从所获质性资料进行编码和分析，构建数据结构图。在数据编码过程中，本书引入了三位辅助研究人员，将不同来源的数据整理成文字，并对所有文档进行编码。本书采用 Yin 的建议，采取开放式编码方式（表5-2），并通过不断的讨论和改进，完善和验证编码结果，从而减少了个人偏见和主观性的结论。最终得到26个一级构念，10个二级构念和4个三级构念（如表5-3所示）。

表5-2 一级构念的形成及其典型引用证据

| 典型引用 | 一级构念 |
|---|---|
| 网上买东西还是快很多，选择余地大/讨价还价就通过淘宝旺旺，有的连问都不问就直接下单了/包裹都不用自己去发，快递公司主动上门来取的 | 交易成本降低 |
| 像他们说的，拉根网线、买台电脑、开个网店就可以当老板了/开淘宝店的成本是最低的，不用交什么费用，有的连货都是从别人那里拿的 | 创业成本降低 |

续表

| 典型引用 | 一级构念 |
|---|---|
| 网上面，谁家出了新款式，很快就被别人学到了，甚至直接拿人家的图过来用/村里有个 70 多岁的老人也想开网店，孙寒帮他开好，从自己店里拿货，教老人买来手写板，在店里当起了客服 | 学习成本降低 |
| 城市里能获得的消息，我们在农村也照样能获得，比如市场的动向/以前农村里面消息闭塞，现在不同了/现在我们自己可以掌握订单，定价权也在自己手里，而以前都是人家说了算 | 结构赋权 |
| 天天泡在网上，感觉跟城里的差距不是很大，我们也有自己的优势/看着人家的网店，其实后来感觉也没有想象中的那么难 | 心理赋权 |
| 网购的需求增长非常快/生意做到了全国/信息灵通很重要，哪里出了什么新品，什么产品卖得好，要第一时间掌握 | 资源赋权 |
| 一个书架成本大概几十块钱，我们可以卖到 200 多/刚开始那会，订单噌噌地往上涨，毛利率大概在 60% 左右 | 价值性 |
| 这种拼装的书架、小书桌之类的东西，城里人都需要，尤其是单身汉、打工仔/我们这种草柳编的东西又好看又实用，可以做果盒、纸篓、果盘、沙发座椅等 | 可容纳性 |
| 刚开始网上没有卖家具的，因为运费太贵了，所以我们只做拼装家具，这样就节省了运费/草柳编的东西比较轻，不像木质的那么重/在乡下办厂，人工便宜，场地费用也低 | 优势性 |
| 这种草柳编的手艺村里很多人都会，只要学学怎么开网店就行了/村里人大家基本上都相互认识，没什么好隐瞒的 | 可模仿性 |
| 以前大部分的草柳编产品是被工艺品公司收购去了，后来我们自己在淘宝上开店，就可以直接面对客户 | 渠道去中介化 |

| 典型引用 | 一级构念 |
|---|---|
| 自己当老板，设计、采购、销售、打包一条龙，都是自己弄 | 流程一体化 |
| 开淘宝店之后，卖货的利润都归自己支配，绕开了中间商，大家自然更有积极性了/在网上卖，要比传统渠道多挣10块钱一个 | 利润分配重构 |
| 我们的人工成本、仓储成本都比别人低/村里招不到好的客服人才，我们就外包给县城里的人，有些还是大学生兼职的，这样就降低了招工的成本 | 成本结构优化 |
| 虽然村里的银行比较少，但是现在有支付宝和网银，在网上交易完全没问题 | 支付方式更新 |
| 客户的需求变化很快，有时候只能摸着石头过河，先放出几款来，测试一下市场的反应。如果需求大，就可以进行规模化生产 | 试错学习 |
| 那年双十一虽然销量上去了，但是产品和服务质量跟不上，投诉比较多。后来我们就进行了改进：一个是提前预售，一个是提前预测销量，尽早囤货 | 反思学习 |
| 我们（同行）都有QQ和微信群，经常在里面聊/有时也逛一些论坛取取经/喝茶吃饭聊的都是淘宝上的事 | 同行交流 |
| 邻里乡亲的，哪家上了新货，哪家的货卖得好，消息传得很快。跟着大户走，一般都不会错/想学的话，上门去请教，或者请客吃个饭之类的，人家多少会透露一些 | 邻里示范 |
| 网上的信息是公开的，那么多的淘宝店，只要多留心，多思考，很容易上手/看看人家品类怎么搭配，图片怎么调，关键词怎么设 | 案例学习 |

| 典型引用 | 一级构念 |
|---|---|
| 裁板、挖槽、打孔每个环节的精度都非常重要，除了机器要好之外，工序、手艺也很重要，要多向有经验的师傅学 | 工艺模仿 |
| 卖得好的一般都是设计比较新颖的款式，但是外观又是最容易被模仿的，像大小、形状、颜色之类的，一看就知道/有经验的师傅，从一张图片上基本可以知道这款家具是怎么做的 | 外观模仿 |
| 一般的板子镇上就能买到，好点的也不过是到宿迁就行了/柳条、麦秸秆这些东西在我们这应有尽有，是廉价的原材料 | 资源复制 |
| 湾头村的草柳编技艺于清代就已形成规模，并传承了下来，家家户户都会编/现在村里还组织了培训班，不会的也可以学 | 技术模仿 |
| 家家户户基本都是前店后厂，一楼加工、二楼客服，儿子当老板、老爸来打工/拿货的模式最简单，自己只需要开个淘宝店，管卖货就行了，货源都是从孙寒他们那些大户那里取的 | 经营模式复制 |
| 刚开始都是通过帮大户卖货挣点差价，后来搞的人多了，利润薄了，我就开始转型给他们做店铺装饰，但是现在搞这个的人也多了/大户销售量大，需求也大，我们干脆就直接给他做贴牌/这种模式分工明确，比单打独斗更加有效，我觉得会越来越流行 | 盈利模式复制 |

表5-3　轴心编码与选择式编码

| 一级构念 | 二级构念 | 三级构念 |
|---|---|---|
| 结构赋权/心理赋权/资源赋权 | 数字赋权 | 互联网使能 |
| 交易成本降低/创业成本降低/学习成本降低 | 成本降低 | |
| 价值性/可容纳性/优势性/可模仿性 | 定位创新 | 种子商业模式产生 |
| 渠道去中介化/流程一体化 | 经营模式创新 | |
| 利润分配重构/成本结构优化/支付方式更新 | 盈利模式创新 | |
| 试错学习/反思学习 | 经验性学习 | 创业学习 |
| 同行交流/邻里示范/案例学习 | 获得性学习 | |
| 工艺模仿/外观模仿 | 产品模仿 | 商业模式复制扩散 |
| 资源复制/技术模仿 | 资源能力复制 | |
| 经营模式复制/盈利模式复制 | 模式复制 | |

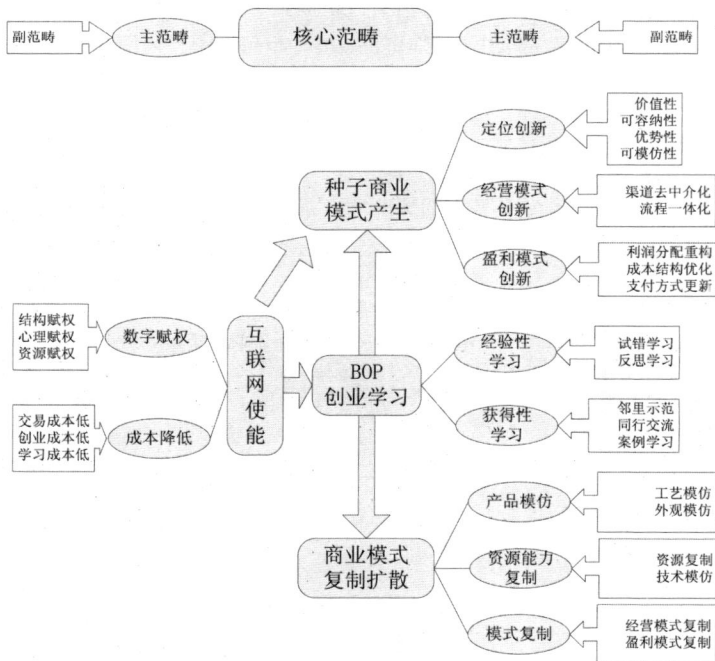

图5-1　编码结果与整体模型

62

## 5.3 互联网使能与创业学习

### 5.3.1 互联网使能

进入 21 世纪以来，中国互联网基础设施建设迅猛发展，固定电话、移动电话和宽带的"村村通"工程逐步深入。2000 年，江苏在全国率先实现自然村村村通固定电话，2007 年又率先在全国实现村村通宽带，农村固定电话用户数达 921 万户，入户率达 61.1%（周春柏，2007）。湾头村的改变发生在 2007 年，博兴县实施网络入口工程，给湾头村的农户家免费安装了宽带。至 2017 年，博兴县累计投资 2.8 亿元，在全县建设 4G 基站 610 个，4G 移动信号全覆盖。湾头村实现无线网全覆盖，在哪都能交易。如今，移动端交易已经超过了电脑端。互联网消除了时空的局限，让世界变得扁平，从降低成本和数字赋权两个方面为金字塔底层提供了使能，涌动了东风村和湾头村的电子商务创业浪潮。

（1）成本降低

互联网及电子商务在中国城乡的深入应用带来了三类成本的大幅降低：首先是降低了交易成本。互联网的出现，使得商品交易从交易前、交易中和交易后各个环节的成本都大幅降低（Zott & Amit，2010）。农户开网店，可以绕开中间商，直接面对客户，省去了中间成本，也能够使得卖家让利于消费者，并且，交易平台上大量的用户、海量的商品选择、便利的交易和支付工具以及越来越快捷的物流服务，让整个交易过程变得更加便捷和高效，让卖家和买家都从中获利，从而更有参与积极性。其次是降低了创业成本（刘亚军、储新民，2017），互联网电子商务缩短了农民与市场的距离，以"淘宝网"为代表的一些网络交易平台让创业变得越来越简单，不仅费用低廉，而且还为卖家提供越来越方便的傻瓜式操作功能。"农户在家中拉根网线、买台电脑、开个网店"就可以开始创业。最后是降低了学习成本。创业过程中，创业者需要大量的学习以构建其核心能力、应对竞争。互联网的出现，让农民尤其是受教育程度较低的农民能够更方便地从网络获得信息和知识。"一指禅也能开网店"就是其真实的写照。

（2）数字赋权

赋权（Empowerment）的本质作用在于消除不平等①。互联网的出现，让信息更加透明，世界更加扁平和开放，有利于消除不平等。根据Ling 等人（2015）及章莉、李实等学者（2014）的研究，我们将这种针对农民的不平等的类型分为信息不平等、市场不平等、体制不平等和社会不平等（如表5-5），分别考虑互联网在消除这些不平等过程中所起到的赋权效应，包括结构赋权、资源赋权和心理赋权。我们发现，一是在东风村和湾头村，互联网已经成为整个社会生活的基础设施和生活方式。互联网消除了各种信息不对称，拉近了农民与市场的距离，让农

---

① 尽管一些文献措辞为"赋能"，但本书认为能力是无法由他人赋予的，只能由个体自身养成，因而采用"赋权"一词。

民得以平等表达政治需求，消除了文化隔阂，从而具有结构赋权效应。二是互联网也直接赋予了农民更多获取信息和知识的机会，村民不仅从网络获取信息、知识和资源，也通过网络营销获取全国乃至全球的客户资源，并能通过网络享受到更多的以往无法享受到的公共服务（比如电子政务），或者从网络获得更多关注、扶持和帮助，从而实现资源赋权效应。三是农民在使用互联网进行社交、学习、交易和创业等活动过程中，不断提升其知识水平和能力，从而也从心理上提升了其自我效能感、社会融入感和利益获得感，实现了互联网的心理赋权效应（见表5-4）。

**表5-4 互联网的数字赋权效应**

| 不平等类型 | 不平等表现 | 互联网对农民的数字赋权效应 | | |
| --- | --- | --- | --- | --- |
| | | 结构赋权 | 资源赋权 | 心理赋权 |
| 信息不平等 | 信息鸿沟（胡鞍钢、周绍杰，2002） | 信息透明，平等获取信息，有更多机会展示农民、农村的优势 | 赋予农民更多的获取信息和知识的机会 | 通过使用互联网，提升其获取信息的兴趣和自信 |
| 市场不平等 | 农村市场长期受到轻视（Prahalad，2009） | 农村市场越来越受到平台及网商的重视，网络让农村的买和卖触手可及 | 全球化的网络营销以获取客户资源 | 通过参与网络交易和创业，提升其掌控市场的效能感 |
| 体制不平等 | 农民权益缺乏保障，户籍制度等（章莉、李实，2014） | 通过社交媒体参与网络舆论，平等表达政治、经济、文化需求，就地城镇化 | 享受更多基于网络的公共服务 | 增强其对经济发展成果的获得感及主观幸福感 |

| 不平等类型 | 不平等表现 | 互联网对农民的数字赋权效应 | | |
| --- | --- | --- | --- | --- |
| | | 结构赋权 | 资源赋权 | 心理赋权 |
| 社会不平等 | 城乡歧视、隔阂（顾海英、史清华等，2011） | 城乡平等交流 | 获得更多关注、扶持和帮助 | 增强其利用网络融入社会的兴趣和效能感 |

### 5.3.2　创业学习

创业的过程就是一个学习的过程。农户创业面临着更大的主观和客观因素制约，在创业过程中往往需要更多的学习才能获得成功。创业学习既包括从自身的经验中直接获取一手知识并不断试错学习，也包括从自身以外的其他对象处间接获取二手知识的获得性学习（王玲玲、赵文红和魏泽龙，2018）。"淘宝村"的创业者充分利用其线上和线下的便利条件，开展经验性学习和获得性学习。

（1）经验性学习

经验性学习是指创业者从自身的先前经验中不断试错，从而不断在记忆中存储、积累新知识。经验性学习的实现，对应着"试错—反思—改进"的循环。农村电子商务是基于互联网而产生的新兴事物，其发展日新月异，创业者的决策往往也是在不断试错和反思中完成，尤其对于创业带头人或者行业领头羊而言，没有可对标模仿的对象，其产品和商业模式需要持续创新才能保持领先地位，从而更加依赖经验性学习。而互联网条件下信息的相对充分，也让创业者有机会降低这种试错的成本。正如村民 Sun 所说：

客户的需求变化很快，有时候只能摸着石头过河，先放出几款来，测试一下市场的反应。如果需求大，就可以进行规模化生产。

那年双十一虽然销量上去了，但是产品和服务质量跟不上，投诉比较多。后来我们就进行了改进：一个是提前预售，一个是提前预测销量，尽早囤货。

（2）获得性学习

获得性学习是指创业者通过观察和吸收他人的创业经验，进行模仿以充分降低其创业成本，这种学习类型在"淘宝村"创业者中占主体。"淘宝村"创业者的构成中，基本都是每个村有一两个带头人，不仅敢于吃螃蟹，而且能够进行持续创新，从而引领行业发展。他们也乐于分享，向村民传授其创业经验。而其他大部分的创业者则是属于模仿跟进型。当然，其中也有一小部分会逐渐成长起来，成为新的创新引领者和经验分享者。"淘宝村"创业者的获得性学习形式主要有三种：邻里示范、同行交流和案例学习。

邻里示范：中国农村社会喜群居，家族邻里之间来往较为频繁。聊天、喝茶、吃饭、办酒、赶集、庙会等，都是常见的交流方式。这些交往都属于线下面对面的，有利于信息的传播，尤其是隐性知识的传播（崔丽丽，2014）。带头人或者先行者的成功使得其收入增加，在农村通常会表现为买车和建房，尤其是豪车，更会产生巨大的示范效应。当孙寒天天开着村里唯一的宝马车到处逛的时候，村民们会都投以羡慕和好奇的目光，进而引发一些亲朋好友的效仿。

邻里乡亲的,哪家上了新货,哪家的货卖得好,消息传得很快。跟着大户走,一般都不会错/想学的话,上门去请教,或者请客吃个饭之类的,人家多少会透露一些。(Liu)

同行交流:同行之间都有共同的话题和话语体系,因而这种交流的需求相对频繁。在"淘宝村"的创业者之间,同行交流是线上和线下两种方式的结合。在线下,除了邻里示范中提到的几种形式外,还通过行业协会等中间组织实现。线上的方式则使用得更为频繁,主要因为电脑和手机都已经成为年轻人尤其是创业者日常生活的一部分。QQ群、微信群和论坛等,都是村民们比较常见的交流工具。

案例学习:"淘宝村"大量的网商比较常见的学习方式就是案例学习,主要是通过观察其他同行竞争者淘宝店来进行学习。互联网上的信息相对透明,而"淘宝村"的产品,像家具、手工艺之类的产品的技术工艺也比较简单,主要依靠外观和广告词而吸引消费者,因而更容易模仿。

网上的信息是公开的,那么多的淘宝店,只要多留心,多思考,很容易上手/看看人家品类怎么搭配,图片怎么调,关键词怎么设。(Xu)

### 5.3.3 互联网使能的创业学习

(1)成本降低对创业学习的影响

首先,基于互联网的电子商务条件下,各种通信工具及软件、交易平台层出不穷,交易成本的降低意味着信息更加的透明,信息来源更加的广泛,渠道更加的丰富和通畅,从而有利于农户进行获得性学习。其次，电子商务降低了农户创业者的资金、土地、租金、设备、人才等需求门槛，让文化素质相对较低的农户有更多的机会通过不断的学习参与到创业者队伍中来，从而促进了其经验性学习和获得性学习。最后，基于互联网的学习成本的降低，更是直接促进了上述两种学习行为。

（2）数字赋权对创业学习的影响

首先，互联网的结构赋权从一定程度上消除了信息不平等、市场不平等、体制不平等和社会地位的不平等，而且其资源赋权也让农户有更多的机会接触到更多的信息，从而会促进农户的获得性学习。其次，互联网的心理赋权让农户敢于表达和传播自身的诉求，有更大的自信参与到经济建设中，从而对经验性学习和获得性学习都有积极的影响。湾头村的贾培晓曾经在 2014 年被选为阿里纽约上市敲钟客户候选人，让这个土生土长的农民汉子一夜之间家喻户晓，充分体现了互联网的数字赋权效应。

# 5.4　创业学习与种子商业模式的产生

## 5.4.1　种子商业模式的产生

大量小微企业的出现是市场机制下区域产业发展的起点（史晋川、朱康对，2002），"淘宝村"的产业发展就得益于农户创业所形成的小微企业。更显著的特征是，这些创业者所采用的商业模式基本相似或完全雷同，都是通过创业带头人的探索形成某种适合本地的、可供模仿的成功商业模式，然后经一传十、十传百裂变扩散开来的，我们将这种具备裂变潜质的商业模式称为种子商业模式。种子商业模式的产生，需要定位创新、经营模式创新和盈利模式创新的有机结合。

（1）定位创新

商业模式创新的起点是定位创新。种子商业模式具有强大的裂变能力，什么样的商业模式能够成为种子商业模式？总结"淘宝村"的商业模式，从其可扩散性来看，一般都具备四个特征（VIVA）：价值性（Value）、易模仿性（Imitation）、可容纳性（Volume）、优势性（Advantage）（见表5-6）。

价值性（Value）：先行者所创立的新商业模式只有能够创造比以往的商业模式多得多的利润，才能对后来者形成巨大的吸引力。东风村的孙寒发明的网销家具模式利润丰厚，不仅自己攫取了第一桶金，也让同村的村民们羡慕不已，激发了模仿的积极性。据网商 Liu 说，"（2008年那会）淘宝店里的订单越来越多，利润超过百分之百……"

易模仿性（Imitation）：从知识学习的角度看，在农村，只有容易模仿的商业模式才能让受教育程度不高的创业者进行学习，否则就难以复制。"自己当老板在外跑进货、妹妹在二楼做客服、老爸在一楼搞加工、物流交给快递公司"，就是"淘宝村"典型的模式，其模式简单，对资源能力的要求较低，从而加速了商业模式的扩散。

可容纳性（Volume）：为了在同质竞争者不断进入的条件下仍然能有足够的利润空间，这种模式所涉及行业的规模要足够大，天花板要足够高（波特，2003）。比如东风村的简易拼装家具，从供给侧来看，它对资源和技术的要求低，又能实行机械化大生产。从需求侧来看，中国有大量的城市单身白领和打工青年，为这种品类的家具提供了巨大的需求，因而该行业具有较大的上升空间。

优势性（Advantage）：种子商业模式必须具备优势才能在市场上生存，或者在资源、要素禀赋等方面具备比较优势（林毅夫、蔡昉和李周，1999），或者在产业基础、核心技术等方面具备竞争优势（波特，2003）。湾头村的草柳编有传统的产业基础，当地的原材料和人才储备充足，拥有其他地方不具备的竞争优势。东风村的简易拼装家具虽然没有传统产业优势，但在当时的条件下，它相比城市家具厂和品牌家具而言价格更低、更符合打工一族的需求，拼装家具相比传统家具更适合网络销售，从而具有比较优势。

"淘宝村"种子商业模式的产生是偶然性与必然性共同作用的产物。所谓偶然性，是因为它需要天时地利人和的条件，这三者缺一不可，不仅要能够同时存在，而且要通过创业带头人的探索，找到这种具备 VIVA 特征的种子商业模式则更难。所谓必然性，则是因为这种所谓的天时地利人和的条件，背后都有深刻的时代背景和本地化因素，那就是在当今互联网电子商务蓬勃发展的"天时"之下，"淘宝村"长期积累的商业文化氛围和带头人的企业家精神的"人和"条件下，利用本地的某种优势资源的"地利"条件而综合作用产生的。实际上，我们从"淘宝村"的分布图上也可以看到，越是经济活跃、创业氛围浓厚的地区，其"淘宝村"数量越多。

（2）经营模式创新

农村旧的商业模式没有生命力，或者说新的商业模式没有形成，从经营模式的角度来说，主要是因为渠道不畅、流程不畅、资源分散导致，因而，"淘宝村"的种子商业模式创新的主体就是经营模式的重构。

首先，渠道要去中介化。湾头村在发展电子商务之前，也像多数其他农村一样，尽管其草柳编产业小有规模，但也是通过中间商收购然后再发往全国各地的，农民作为生产者，一直处在利益链的底层。而今，电子商务通过去除传统的中介渠道商，让农户创业者直接面对客户，大幅度降低中间的交易成本，把收益还给农户，也大大激发了农户创业的积极性。因而，那些敢于"吃螃蟹"的带头人，通常都是村里第一批用上宽带，第一批开网店的人。

其次，流程要一体化。作为创业企业而言，其价值链流程决定了产品成本和产品质量的高低。农村创业者如何扬长避短，形成契合自身定位的价值链流程是基础。设计、采购、生产、销售、物流等一系列环节，必须紧密配合、无缝对接。从东风村和湾头村的价值链流程来看，基本经历了三个阶段的创新演化过程。第一阶段是分散经营阶段，流程的大部分环节基本是由农户独立完成，即除了物流配送之外，创业农户集设计、采购、生产、销售、打包等功能于一身。基本都采用的前店后厂，一楼加工、二楼客服，"儿子当老板、老子来打工"的模式。这种模式的特点是灵活机动，成本低、效率高，非常适合创业起步阶段，对产品质量和规模化经营要求不高的情况。第二阶段则是"多拖 N"模式，即一些网商逐步打造成自己的品牌，由于销量上去之后生产规模跟本上，就采取了生产外包给同村其他农户的办法。进而其分工也逐步形成，即一些商家逐步专注于品牌和营销，一些商家则专注于生产。第三阶段则是"1拖N"模式，少数商家在竞争中逐步胜出，既有比较大的品牌，又有比较大的生产能力，其周围则会吸引大量的小商家，仅仅专注于为其进行代理销售。三个阶段虽然采取的经营模式不同，但都在不同的能力条件下形成了成本最优的一体化流程。

（3）盈利模式创新

采用电商渠道之后，种子商业模式在利润分配、成本结构及支付方式等方面实现了盈利模式的创新。

首先，利润分配的重构。传统经济中农户多被视为生产者，处于价值链底端。采用电商渠道之后，一些农户成为网商，将产品搬上淘宝店，直接面对客户，绕开中介机构，独享利润分成，实现了利润分配的重构。不仅提高了农户的收益，更重要的是激发了农户的创业热情，成为种子商业模式产生和发展的原动力。

其次，成本结构的优化。农民网商充分利用自身优势资源以降低成本。在采购环节，基本都是从就近的本村或邻村进货；在生产环节，主要利用自家的庭院，由家庭成员进行加工；在销售环节，主要通过淘宝等免费平台进行交易，而物流则交给第三方快递公司。由于种子商业模式往往都定位于本地特色产品，充分利用了本地优势，从价值链各环节降低成本，从而往往具有比较优势。

最后，支付方式的创新。传统上，支付方式的落后是阻碍农村市场交易和创业的重要原因，即使在网络银行支付产生之后，仍然没有解决网络交易过程中的不信任问题。而支付宝等第三方支付方式的产生，则彻底解决了这些问题，农户只要开通支付宝，就能无障碍地进行买卖交易，而客户也因为支付宝具有担保功能而放心地购买农户的产品。同时，网银和第三方支付工具也便利了商户之间的资金往来。

### 5.4.2 创业学习与种子商业模式的产生

种子商业模式是通过创业带头人的创新探索而形成，具有一定的偶然性。在此过程中，创业学习起到了关键的作用，并通过嫁接、重构和迁移三种方式实现商业模式的创新。

（1）嫁接。在获得性学习和经验性学习后，将农村的优质资源嫁接到互联网平台，从而实现定位的创新和经营模式的创新。孙寒和贾培晓等创业先行者通过各种渠道，发现了淘宝等平台的经营商机，并尝试开店，在不断试错和反思之后，终于发现了简易拼装家具和草柳编工艺品这样的蓝海市场。这些新的模式，能够充分利用本地的劳动力成本低、原材料成本低等优势，利用互联网将这些产品销售出去。

（2）重构。将传统的经营模式和盈利模式进行重构，实现成本优化和利润最大化，在此过程中，因为是先行者，没有现成经验可以借鉴，创业先行者主要依靠经验性学习，即试错和反思进行模式重构。比如把传统的线下销售改为线上直销，经营环节大大缩短。由于已经通过嫁接实现定位创新并进入蓝海市场，因而这种重构通常是水到渠成的。

（3）迁移。在实现嫁接和重构之后，一些先进的互联网工具，以前一般用于城市其他行业的应用，可以直接迁移复制到农村或农产品背景中，比如渠道的迁移复制、支付方式的迁移复制。孙寒就是把宜家的设计、淘宝网的渠道、支付宝的支付方式搬到了东风村的家具电商销售中，实现了经营模式和盈利模式的创新。

## 5.5　创业学习与商业模式复制扩散

### 5.5.1　商业模式复制扩散

"淘宝村"之所以能迅速蔓延并蔚然成风，靠的就是农户创业过程中商业模式的复制。种子商业模式产生之后被快速复制，同质化的商业模式在一个村乃至一个镇不断裂变扩散，形成创业集聚，乃至形成产业集群。商业模式的复制主要可以分为产品模仿、资源能力复制和模式复制三个方面。

（1）产品模仿。"淘宝村"的主体商业模式均是从种子商业模式模仿复制而来，所经营的基本都是同一种产品，因而首先始于产品的模仿，即外观的模仿和工艺的模仿。对于家具或者草柳编手工艺之类的产品来说，外观的设计非常重要，对于产品销售起到决定性的作用，而实际模仿起来并不复杂，多数模仿者只需通过观察同行淘宝店的产品图片，即可"照葫芦画瓢"进行设计。此外，由于这些产品的加工工艺并不复杂，而且村里的手艺人资源丰富，像湾头村一样，家家户户多多少少会一点点，因而可以边学边做、边做边学。

（2）资源能力复制。关键的资源能力是驱动商业模式运行的不可或缺的因素（魏炜、朱武祥和林桂平，2012）。关键资源能力能否复制，也决定了商业模式复制的成败。首先需要进行物质资源复制，东风村和湾头村的网商在进行模仿时，优质的货源是比较重要的因素，然后就是人力、场地等其他各种生产要素。由于货源就在本地，非常容易获得，而种子商业模式本来就是充分依托农户自家的人力物力而产生，因而具有普适性。此外，这些产品涉及的技术并不复杂，模仿起来也比较简单，这些因素都导致了商业模式的迅速扩散。

（3）模式复制。在商业模式复制中，复制对象主要是经营模式的复制和盈利模式的复制。东风村和湾头村的经营模式主要有两种，一种是拿货模式，另一种是产销一条龙模式。前一种指的是农户只负责网络销售，产品则是从本地其他厂商进货，成为纯粹的网商。没有实力的网商采取代理销售模式，有实力的网商则采取自有品牌、生产外包的模式。后一种一条龙的模式充分利用了农户家中的房屋、场地和技术资源，自己生产，自己销售。这两种模式都比较常见，前一种相对简单，比较适合家中年轻人多，但缺乏手艺的农户，后一种相对完整，比较适合家中有长辈会手艺的农户。此外，盈利模式的复制相对简单，通过网店销售之后所获得的收入，扣除进货、生产、人工等方面的成本，农户可以自主决定利润的分配方式。在"淘宝村"发展的初期，由于竞争不大，利润相对丰厚，随着同质化竞争的加剧，利润已逐渐降到接近平均成本的水平。

## 5.5.2　创业学习与商业模式复制扩散

在商业模式复制扩散过程中，起主导作用的学习方式是获得性学习，创业者通过案例学习、同行交流和邻里示范三种形式进行模仿。从知识学习的视角来看，商业模式的模仿和复制，就是知识的学习过程。越是隐性的知识，越依赖于面对面的交流（Nonaka & Takeuchi，2007）。产品外观的知识相对显性，主要通过观察式的案例学习即可完成；资源的复制也比较显性，诸如进货渠道之类的，通过同行交流可以获得相关信息，从而容易进行复制；工艺和技术的模仿则相对隐性，不仅需要更多的同行交流，而且需要面对面的传授；盈利模式和经营模式的复制则最为隐性，邻里示范在熟人社会的背景下成为主流学习方式，也是农村相比城市的一种优势（见图 5－2）。

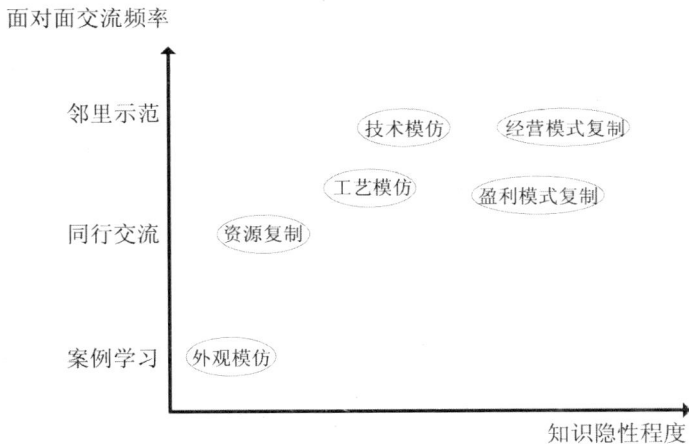

图 5－2  农村创业学习中不同类型知识对商业模式复制的影响

## 5.6  互联网使能与商业模式创新

种子商业模式创新包括定位创新、经营模式创新和盈利模式创新。在此三方面，互联网都提供了使能（见图 5－3）。

在定位创新过程中，最关键的步骤是农户能够找到一种产品和模式，既能利用本地的优势，又能巧妙地避开农村在土地、人才、资金、基础设施等方面的劣势。因此，定位的实质是一种选择，要作出创新性的、正确的选择，互联网为农户提供的使能主要在于两个方面，一是扩大了可选择的范围，二是提升了作出选择的能力。（1）扩大可选范围。通过低成本的互联网接入，为农户带来了海量的信息的同时，也扩大了其销售的市场，从而创业者有更大的可能性找到其产品定位。（2）提升选择能力。在信息匮乏，交易成本、学习成本高昂的条件下，农户是很难作出正确的创业选择的。而在互联网条件下，农户为了进行选择，可以通过搜索引擎、行业网站等进行大范围的网络搜索，也可以利用淘宝平台所提供的交易分析工具进行数据分析并辅助决策。

经营模式创新与盈利模式创新。互联网的使能，使得农户进行经营模式创新的效率空间大大提升，不仅成本得到大幅度降低，而且收益也大幅提高。在电商平台上，普遍采用的是直销＋第三方快递渠道，减掉了各种中间环节，使得其产品具有成本和价格优势；面向的是全球市场，销售空间潜力是无限的；农户充分利用自家的便利条件，把采购、生产经营和销售各个环节进行整合，再通过网络进行信息传递，可以实现流程的一体化和成本的最小化；而当最终利润归创业者自身所有之后，农户进行电商创业的积极性会被极大地激发出来，互联网心理赋权的效应得到充分体现。

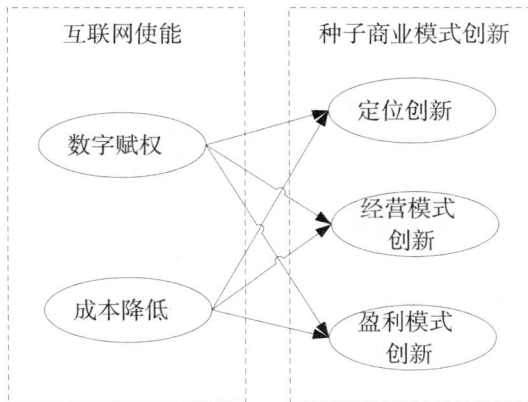

**图 5 – 3 互联网使能如何影响种子商业模式创新**

## 5.7 结论与启示

### 5.7.1 结论

（1）金字塔底层创业背景下，商业模式的创新性复制是一个由点及面的两阶段过程，起始于种子商业模式的产生，而后伴随着种子商业模式的复制扩散。当这种扩散在同一区域及周边达到一定规模时，即形成创业集聚。

（2）互联网为金字塔底层的创业学习和种子商业模式的产生提供了必要条件，也间接促进了商业模式的复制和扩散。互联网降低了创业学习的成本，并通过数字赋权促进了创业学习。在进行商业模式定位时，互联网扩大了可选范围，并提升创业者的选择能力。在经营模式和盈利模式创新时，互联网也发挥了降低成本和赋能提效的作用。

（3）BOP群体的创业学习行为直接引发了种子商业模式的产生和商业模式的复制扩散。创业学习中的经验性学习和获得性学习行为会引发商业模式的嫁接、重构和迁移，从而实现商业模式的创新，产生种子商业模式。BOP群体充分利用互联网和同村社会网络的双重网络优势进行案例学习、同行交流和邻里示范的获得性学习，从而能够快速进行商业模式模仿复制。

（4）种子商业模式的VIVA特性是理解"淘宝村"商业模式扩散的钥匙。种子商业模式的产生需要进行定位创新、经营模式创新和盈利模式创新，其中定位创新是基础，要求种子商业模式必须具备VIVA特性，即价值性、可容纳性、优势性和可模仿性。这一要求显然无法单独用竞争优势理论或者知识管理理论来解释，因为若想获得竞争优势，便要求商业模式不可模仿，但种子商业模式显然要具有可模仿性才能够快速扩散，可见，这里的优势是相对的，即对于同村创业者而言应具有可模仿性，对于外地竞争者或其他品类竞争者则应具有优势性。同村的创业者因为市场定位相同，资源共享，产品技术、工艺和外观等容易模仿，加上丰厚的利润吸引大量的模仿者，因而导致了种子商业模式得到迅速的扩散。有些"淘宝村"由于相邻村的资源比较相似，甚至出现了多个村商业模式雷同的现象，大量竞争者拥挤在同一市场中，这又要求其种子商业模式必须定位于一个相对容量比较大的市场之中。

### 5.7.2　政策启示

"淘宝村"的自发式农村电子商务尽管是市场主导、自底向上发展的，但并不意味着应忽略政府的作用。本章的结论启发我们，"不缺位、不越位"的政府正是自发式农村电商发展的坚实保障，政府在此过程中大有可为。为此，政府可从以下方面制定对策：

（1）加强互联网基础设施建设及应用。互联网不仅缩小了城乡之间和社会阶层之间的数字鸿沟，也为金字塔底层的创业学习、商业模式创新提供了使能，是"淘宝村"得以产生和发展的外在基础条件。因此，首先应需要不遗余力加大宽带进村入户以及移动通信网络覆盖率，打通农村尤其是偏远地区的信息高速公路。其次，要加强农村的信息化应用建设，加大信息软硬件基础设施的普及应用，加速推进信息惠民及电子商务进农村工程。最后，要加强农村人口的信息化培训，提升其信息应用能力，尤其是电子商务应用和创业能力。

（2）营造良好的创业氛围。对比"淘宝村"的先行者和落后地区，其商业模式从产生到扩散，都需要一个良好的环境，除了互联网的基础条件外，本地的文化氛围也非常重要。良好的创业氛围能够提高创业学习的热情，从而提升种子商业模式产生的概率，也能提高商业模式复制扩散的速度。

（3）帮扶和培育创业带头人。种子商业模式的产生离不开创业带头人的探索，这些带头人往往年富力强，知识和社会资源相对丰富，多以外出打工或返乡大学生为主，针对这些人群，应进行重点帮扶和培育，在资源获取、知识学习等方面为其提供帮助，促进种子商业模式的产生。

（4）准确进行定位。种子商业模式产生过程中最关键的是进行正确的市场定位，除了依托创业者自发探索之外，政府也可以主动探索，进行科学论证，根据 VIVA 特征来挖掘本地的特性优势产品，然后进行有针对性的扶持，加速种子商业模式的产生。

第 6 章

# 农村电子商务背景下商业模式创新的社会网络前因及竞争优势后果研究

在激烈的市场竞争中，"淘宝村"的农民网商创业者的成功逻辑在哪？实际上，就城乡比较而言，由于农村的基础设施和公共服务不完善，要素供给和制度供给不充分等原因，其交易成本和创业成本要比一般市场大得多。在自发式农村电子商务创业（以下简称农村电商创业）过程中，无论是生产经营所在地位于农村，或是生产经营主体是农民，抑或是生产经营的产品是农副产品的创业，都面临着更多的竞争劣势，导致其经营绩效和创业成功率相对低下。因此，如何创造和培育竞争优势，成为农村电商创业成功的首要问题。

企业获得竞争优势的主要途径，一般有技术创新和商业模式创新（孙永波，2011）。囿于人才和技术的匮乏，农村电商创业往往更加倚重于商业模式创新。企业通过合理整合和配置内外部资源，改善价值创造与价值传递的效率，同时提升创造和获取价值的能力，从而实现商业模式的创新，也为持续性竞争优势的获取创造了机会（Zott，Amit & Massa，2011）。互联网条件下，电子商务带来了新的市场、新的资源及其配置方式，为商业模式创新提供了源源不断的机会。

如何实现更好的商业模式创新？是什么因素决定了竞争优势的来源？学者们普遍认为企业的竞争优势主要来自企业内部的异质性资源，然而农村创业者在创业之初往往受限于内部资源不足，社会关系成为企业获取异质性资源的重要途径（庄晋财、芮正云，2014）。根据社会网络理论，社会网络能够为企业带来丰富的社会资本和信息，提高企业核心能力、专业化水平以及应对环境变化的灵敏程度等，从而使企业获得更强的创新能力。可见，社会网络既是竞争优势的来源，也是商业模式创新的基础。

有鉴于此，本章在文献梳理的基础上构建了社会网络和商业模式创新影响竞争优势的理论模型，通过对 248 家农村电商企业的问卷调研和数据分析进行实证检验，揭示了通过社会网络和商业模式创新提高竞争优势的内在机理，对提高农村电商创业的成功率和创业绩效具有实践指导意义。

# 6.1　理论分析与研究假设

## 6.1.1　农村电商背景下的商业模式创新

互联网时代，企业所在的市场环境动态性日益加剧，其赖以生存的商业生态系统也在不断发生改变，商业模式因而也需要不断进行创新以应对环境变化带来的挑战。

尽管农村电商逐渐成为中国电子商务发展的趋势，但传统的资金、物流、人才、市场等因素的相对落后等因素依然是制约农村电商发展的核心问题。如何突破这些瓶颈约束，需要较强的商业模式创新。通过商业模式创新以降低交易成本，获取关键资源能力，并提高商业模式的合作价值（刘亚军，2016）。比如江苏睢宁县沙集镇的"网络＋农户＋公司"模式，瞄准简易拼装家具这一细分市场，通过网销带动家具加工，随之带动了物流快递等相关产业的发展。浙江遂昌县的"电子商务综合服务商＋网商＋传统产业"模式，有效解决了人才不足、技术缺乏、市场狭小等问题，打造出一个农村电商的良性生态系统。再如生鲜电商领域，一些地方探索出的基于社群经济的 C2B 的从地头到餐桌的新型商业模式，通过电商运营商＋合作社来对接消费者和农业生产者，高效打通了农产品上行的渠道通路。

## 6.1.2　农村电商背景下的社会网络

企业的经营无时无刻不处在一个复杂的社会网络之中，并从中获取所需的资源。从网络结构角度，社会网络是由多个点（社会行动者）和各点之间的连接（行动者之间的关系）组成的集合（谭燕芝、张子豪，2017）。Fortner（2006）将社会网络的维度划分为两个：结构维度和关系维度。结构维度包括网络规模、结构洞、网络桥、网络中心性和网络密度等指标；关系维度包括关系强度和关系稳定性等。其中，网络规模衡量的是网络的大小，或者说是网络包含的节点数量，是以网络连接形式体现的网络中存在的关系数目。关系强度是指网络系统中的行为者之间关系联结的程度。网络中心性是指行为者在网络中相对于其他行为者的位置状况。

乡土社会的一个特点就是"熟人社会"，其社会网络是基于以自我为中心向外拓展的，以血缘、地缘等亲疏远近关系构筑的"关系圈"结构（费孝通，2008）。这种"熟人社会"的社会形态和人际交往方式有助于创业者获取网络内部信息和低成本创业资源，有利于成功模式和经验的快速复制扩散，带头人的示范效应可以得到充分发挥，这也是农村社会相比城市的优势。在这种网络结构中，不同的节点相互连接，构成了错综复杂的社会网络。

### 6.1.3　社会网络对竞争优势的影响

在激烈的市场竞争中，企业只有获得独特的、不易模仿和不可替代的资源和能力，才能实现可持续的竞争优势，而这些资源的获得，离不开企业所处的生存环境，即社会网络（王勇，2010）。通过社会网络的联结，企业可以和上游的供应商联络来保证稳定的原材料供应，与下游的物流运输公司合作来实现产品的流通，与消费者互动及时掌握市场的最新动态信息，从政府和科研院校获取政策支持和人才技术支持，发挥价值链最大作用，形成企业持续的竞争优势（董保宝、李全喜，2013）。

中国的农村地区在长期的社会发展中形成了关系本位的"熟人社会"，农民创业者需要更多地通过撬动社会网络中的关系来获取有价值的创业资源（Liao & Welsch，2005）。以资源为基础的企业理论认为，企业的竞争优势依赖于对关键资源的利用和开发，说明电商企业可以通过农村地区的社会网络关系获取创业资源，从而形成企业的竞争优势。庄晋财等研究发现，创业者的社会网络关系规模越大，网络成员的异质性越强，就越容易接触到一些稀缺性资源（庄晋财、芮正云和曾纪芬，2014）。因此，对农村电商而言，扩大网络规模有助于获得独特的竞争能力，增强创业过程中的竞争优势。在中国农村集体经济的背景下，关系网络中强关系的影响力更大。农村环境下基于情感、信任的网络关系能更有效地从网络成员中获取有价值的资源，对竞争力的形成具有天然优势（闫莹、陈建富，2010）。Zaheer & Bell（2005）认为，企业在网络中的位置是其竞争优势的来源。处于网络中心位置的电商企业更是信息传递的枢纽，能够获得更多的信息和资源控制优势。

因此，本书提出以下假设：

假设1：农村电商创业中，社会网络对竞争优势有正向影响

假设1a：农村电商创业中，网络规模对竞争优势有正向影响

假设1b：农村电商创业中，关系强度对竞争优势有正向影响

假设1c：农村电商创业中，网络中心性对竞争优势有正向影响

### 6.1.4 社会网络对商业模式创新的影响

从社会网络获取信息、知识和资源是企业实现价值创造，进行商业模式创新的重要途径。Barney（1991）的研究表明，当企业变革无法完全依靠内部资源时，组织边界就亟须被突破，企业可通过网络成员合作创新来提升创新成功率。孙锐和周飞（2017）研究发现，企业可以利

用社会联系构建社会资本，维持企业商业模式动态创新的管道畅通。因此，通过与企业内外部网络构筑联结关系，有助于资源的重新配置和内部结构的优化调整，为商业模式的创新提高动力支持。

在农村地区，由于存在基础设施不完善、引进与留住人才不容易、外部市场信息不通畅等劣势，企业需要与当地政府部门、中介机构与网商带头人等非传统伙伴建立特定关系和合作网络，充分利用关系网络带来的各种资源，通过商业模式创新发掘市场蓝海，创造并传递市场价值，实现农村地区的脱贫致富和可持续发展。邢小强等（2017）认为，由于低收入市场的特殊性，企业需要构建全新的商业模式才能撬动金字塔底层的财富。由于价值链缺失与制度空洞，企业需要建立跨部门的价值网络，其中与当地政府的关系是成败关键。

社会网络结构也与商业模式创新紧密相关。高展军等（2012）指出，网络中心性表征着企业对于获取潜在资源的程度，企业在网络中占据中心位置时，这意味着企业具有更强的选择优秀合作伙伴的能力，并更有可能从合作企业中获取商业模式创新所需的价值性资源。Capaldo（2007）运用纵向案例研究从不同层面分析了网络结构对创新能力的影响，研究发现，双边层面的强关系优势可以通过基于信任的知识密集关系对企业创新能力产生正向影响。因此，本书提出以下假设：

假设2：农村电商创业中，社会网络对商业模式创新有正向影响

假设2a：农村电商创业中，网络规模对商业模式创新正向影响

假设2b：农村电商创业中，关系强度对商业模式创新正向影响

假设2c：农村电商创业中，网络中心性对商业模式创新正向影响

### 6.1.5  商业模式创新对竞争优势的影响

商业模式创新通过建立起一种新的生产函数，将企业各种资源重新进行组合，把各项生产要素和资源引向新用途，将生产引向新的方向，从而创造了熊彼特主张的新商业、新技术、新供应源和新的组织模式以获取"熊彼特租金"，从而构建起基于创新的竞争优势。进一步，王雪冬和董大海（2013）指出，企业实施商业模式创新是把竞争优势建立在生态系统层次上，旨在构建一个以自己为核心的商业生态系统，商业模式创新这种"核能"级别的战略能帮助企业构建覆盖面更广的系统层次的竞争优势。在当下的中国农村，一些电商企业创造出了独具特色的经营模式（如"互联网＋农户＋公司"模式等），这些充满活力的经营模式深刻扎根于当地的社会经济文化背景，充分利用了当地的独特资源，显著提高了农村电商企业的竞争能力（青平、李崇光，2005）。因此，本书提出以下假设：

假设3：农村电商创业中，商业模式创新对竞争优势有正向影响

### 6.1.6  商业模式创新的中介作用

企业将关系网络中的资源、知识、市场信息等进行整合来创新商业模式和提高经营能力，是获取竞争优势的重要途径。Rogerio 等（2007）以 Metallurgy 公司作为案例研究对象，构架了创新网络－商业模式－战略目标的概念模型。位于金字塔底层的农村地区因时制宜地变革经济发

展道路，发挥"熟人社会"的作用，结合当地的地方特色创新商业模式，依托电子商务让农产品"走出去"，让农村电商人参与市场互动，培育竞争能力和竞争优势，实现经济转型升级。因此，本书提出以下假设：

假设4：农村电商创业中，商业模式创新在社会网络和竞争优势的关系中起中介作用

假设4a：农村电商创业中，商业模式创新在网络规模－竞争优势间起中介作用

假设4b：农村电商创业中，商业模式创新在关系强度－竞争优势间起中介作用

假设4c：农村电商创业中，商业模式创新在网络中心性－竞争优势间起中介作用

基于上述的理论分析和研究假设，本章构建了社会网络、商业模式创新和竞争优势三者之间的理论模型，具体如图1所示。

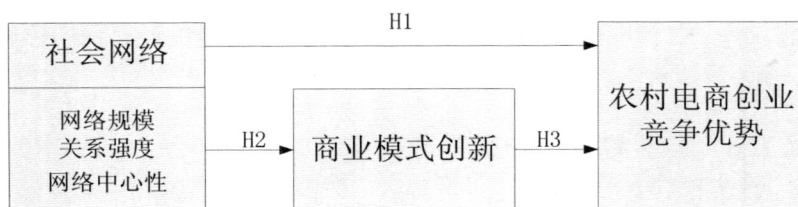

**图6－1　本章的理论模型**

## 6.2 研究设计

### 6.2.1 研究方法和数据收集

本书通过问卷调查收集数据，调查对象定位为农村电商创业者。在正式调研前，进行了初始问卷的小样本预测，并分析了变量测度的有效性，根据预调研的结果对问卷题项进行了相应的修改，以此为基础正式收集大样本数据。正式调研过程中，向第三方数据调研公司购买服务，由该公司从其注册用户数据库中对农村电商创业者进行筛选，通过网络进行问卷数据收集，共发出问卷 300 份，回收 284 份。为确保问卷回收及数据的质量，我们采取了如下策略：第一，选择有资质的第三方数据调研公司（问卷星）向其购买服务。该公司是全国知名的大型数据调研平台，拥有注册用户 2000 万，其中企业用户 2 万家。第二，精心设计问卷。采用相对成熟的量表，并引入前测环节，通过学者和行业专家多轮反复讨论而形成。第三，严格限定填写者身份，必须是拥有淘宝店的农村电商创业团队成员，经营所在地为农村，以互联网为主要经营工具。第四，严格筛选问卷。经对信息填写不完整、回答问题时间过短、反向问题回答异常等问卷进行剔除后，最终回收有效样本 248 份，有效回收率为 82.3%。

最终获得的有效样本中，地区分布为湖南、湖北、广东、四川、江苏、浙江及其他省份，分别占 18.8%、16.2%、12.3%、9.9%、9.6%、6.3%和26.9%。行业分布中，农副产品种养殖、农副产品加工、手工艺产品加工制造、服装鞋帽箱包玩具等轻工业制造、电商贸易及其他行业分别占24.1%、12.2%、21.3%、22.5%、19.9%。其销售和服务平台中，采用第三方平台、自建平台、传统渠道及其他渠道的分别占57.7%、2.9%、20.9%和18.4%。员工人数25人以下、25—100人、100—500人、500人以上的分别占 36.7%、32.6%、17.1%和7.4%。年销售额在50万元以下、50万—100万元、100万—500万元、500万—1000、1000万元以上的分别占 21.6%、28.7%、28.3%、11.9%、9.3%。

### 6.2.2 变量测量

为了保证调查问卷的可靠性和有效性，本书在参考相关理论文献的基础上，结合研究目的等实际情况设计调查问卷。对于自变量社会网络的测量、量表参考辛勤（2011）的研究，分为网络规模、关系强度和网络中心性三个维度。自变量网络规模通过直接询问企业与之交流合作的成员（主要供应商、主要客户、主要同行、相关科研院校、政府、金融机构、中介组织）数量，对选项"几乎没有、1—3家、4—8家、8—15家、15家以上"分别赋值0、2、6、12、20，然后加总得出该变量。关系强度使用互动频率来测量，直接询问企业与7类合作伙伴（主要供应商、主要客户、主要同行、相关科研院校、政府、金融机构、中介组织）交流的频率，对选项"没有交往、每年一两次、每季度一两次、每月一两次、每周一两次"分别赋值1、2、3、4、5。网络中心性维度通过Likert 5点量表对5个题项进行测量。对于因变量竞争优势的测量，量表借鉴Murry等人（2011）的研究，共6个题项，主要测量低成本和差异化方面的优势。对于中介变量商业模式创新的测量，量表借鉴Zott和Amit（2007）的研究。因本书主要针对种子商业模式的创新性，因而仅选取该量表中关于商业模式新颖性的维度，共4个题项。此外，本书选取企业规模、企业年龄产业基础等因素作为控制变量。企业规模用量表中员工数量这一题项进行测量；企业年龄用企业成立时间到调研时已经持续经营的年数的自然对数来表示；由于产业基础对农村电商创业的兴起和发展有着重要的影响作用，因此将农村电商创业的产业基础作为控制变量进行研究测量。

## 6.3 实证分析

### 6.3.1 信度和效度分析

本书中，网络规模、关系强度都是经计算得出的，因此只对网络中心性、商业模式创新和竞争优势3个变量进行效度和信度分析。采用Cronbach's α系数来检验变量的信度，如表6-1所示，所有变量的Cronbach's α系数均大于0.8，且删除变量任一题项后的α系数均有所降低，表明此量表有良好的信度。运用SPSS24.0对变量进行主成分因子分析，结果显示所有变量的 Bartlett 球体检验统计值显著性概率均小于 0.001，同时 KMO 值都在 0.8 以上，各变量的因子载荷系数均大于 0.6，表明量表具有良好的内部一致性。

使用 AMOS24.0 进行验证性因子分析，结果如表 6-2 所示。对比几种测量模型的拟合指数，得出三因素模型拟合情况明显优于其他模型，这说明社会网络、商业模式创新和竞争优势具有良好的区分效度。

表 6-1　量表信效度分析

| 变量 | 题项 | 因子载荷 | Cronbach's α |
|---|---|---|---|
| 网络中心性 | 1. 当需要及时建议或支持时，合作伙伴非常希望本企业能够提供知识、信息和技术 | 0.716 | 0.801 |
| | 2. 同行业内其他企业大多数都知道我们企业的名字 | 0.759 | |
| | 3. 本企业与合作伙伴的直接业务联系多于间接联系 | 0.751 | |
| | 4. 同行业内其他企业容易与我们建立联系 | 0.789 | |
| | 5. 其他企业经常通过我们企业介绍认识 | 0.718 | |
| 商业模式创新 | 1. 以新的方式实现了产品、服务、信息的结合 | 0.844 | 0.837 |
| | 2. 用新的方式实现了与合作伙伴的连接和交易 | 0.809 | |
| | 3. 纳入了新的合作伙伴 | 0.773 | |
| | 4. 在交易中能用新颖的方式激励合作伙伴 | 0.854 | |
| 竞争优势 | 1. 建立了良好的品牌认知 | 0.822 | 0.846 |
| | 2. 品牌可识别度高 | 0.761 | |
| | 3. 具有独特的品牌个性 | 0.759 | |
| | 4. 平均成本低 | 0.769 | |
| | 5. 具有价格优势 | 0.732 | |
| | 6. 渠道毛利高 | 0.674 | |

表6-2　验证性因子分析

| 测量模型 | | CMIN/DF | GFI | IFI | TLI | CFI | RMSEA |
|---|---|---|---|---|---|---|---|
| 三因素模型 | SN；BM；CA | 1.973 | 0.912 | 0.947 | 0.935 | 0.947 | 0.063 |
| 二因素模型 | BM；SN+CA | 2.587 | 0.883 | 0.912 | 0.895 | 0.911 | 0.080 |
| | CA；SN+BM | 3.176 | 0.850 | 0.879 | 0.856 | 0.878 | 0.094 |
| | SN；BM+CA | 3.526 | 0.832 | 0.859 | 0.832 | 0.858 | 0.101 |
| 单因素模型 | SN+BM+CA | 4.044 | 0.816 | 0.829 | 0.798 | 0.827 | 0.111 |

## 6.3.2　相关性分析

对各变量间关系进行相关性分析，其均值、标准差和相关系数如表6-3所示。结果显示农村电商创业中社会网络、商业模式创新和竞争优势之间具有显著的相关关系，但对于变量之间关系的大小和有无因果关系还无法说明，接下来将采用回归分析对变量间关系做更精确的检验。在进行层次回归分析之前，先对变量之间的多重共线性进行判断。结果显示 VIF 值均小于 3，远小于 10，为可接受范围，因此变量之间不存在严重的共线性问题。

表6-3　变量描述性统计和相关关系

| | 1 | 2 | 3 | 4 | 5 | 6 | 7 | 8 |
|---|---|---|---|---|---|---|---|---|
| 企业规模 | 1.000 | | | | | | | |
| 产业基础 | .252*** | 1.000 | | | | | | |
| 公司年龄 | .245*** | .003 | 1.000 | | | | | |
| 网络规模 | .129* | .138* | .143* | 1.000 | | | | |

续表

|  | 1 | 2 | 3 | 4 | 5 | 6 | 7 | 8 |
|---|---|---|---|---|---|---|---|---|
| 关系强度 | .123 | .190 * * | .130 * | .701 * * * | 1.000 |  |  |  |
| 网络中心性 | .157 * | .323 * * * | .153 * | .395 * * * | .645 * * * | 1.000 |  |  |
| 商业模式创新 | .084 | .385 * * * | .022 | .267 * * * | .460 * * * | .569 * * * | 1.000 |  |
| 竞争优势 | .178 * * | .296 * * * | .096 | .302 * * * | .512 * * * | .661 * * * | .575 * * * | 1.000 |
| 均值 | 3.030 | 2.190 | 1.822 | 2.967 | 3.350 | 3.726 | 3.977 | 3.934 |
| 标准差 | 1.251 | 0.548 | 0.574 | 0.767 | 0.749 | 0.694 | 0.779 | 0.689 |

### 6.3.3 回归分析

为了验证前文提出的假设，本书使用 SPSS24.0 进行层次回归分析。首先分析农村电商创业中社会网络对竞争优势的影响。模型 1 验证控制变量对因变量竞争优势的影响，模型 2 是在模型 1 的基础上加入自变量社会网络。回归结果如表 6 - 4 所示。通过表 6 - 4 我们可以看到，模型 2 比模型 1 的解释力度更高，调整后的 $R^2$ 明显上升，F 值在统计上表现显著（$P < 0.001$）。在模型 2 中，网络规模与竞争优势之间的关系不显著（$\beta = -0.056$，$p > 0.05$），关系强度显著地正向影响竞争优势（$\beta = 0.190$，$p < 0.05$），网络中心性显著地正向影响竞争优势（$\beta = 0.527$，$p < 0.001$），故假设 1a 不成立，假设 1b、假设 1c 得到支持，说明总体上社会网络对竞争优势存在显著的正向影响，假设 1 得到部分支持。

表6-4　社会网络对竞争优势的影响

| 自变量 | 因变量：竞争优势 | |
|---|---|---|
| | 模型 1 | 模型 2 |
| 公司规模 | .092 | .103 |
| 产业基础 | .272＊＊＊ | .060 |
| 公司年龄 | .072 | -.017 |
| 网络规模 | | -.056 |
| 关系强度 | | .190＊ |
| 中心性 | | .527＊＊＊ |
| R2 | .104 | .463 |
| 调整 R2 | .093 | .449 |
| F | 9.416 | 34.575 |

　　其次，本书分析农村电商创业中社会网络对商业模式创新的影响。如表6-5所示，加入自变量社会网络之后的模型4的解释程度更好，调整后的 R2 从 0.139 上升到 0.377，F 值在统计上表现显著（P＜0.001）。在模型 5 中，网络规模与商业模式创新之间的关系不显著（β＝-0.057，p＞0.05），关系强度显著地正向影响商业模式创新（β＝0.214，p＜0.05），网络中心性显著地正向影响商业模式创新（β＝0.391，p＜0.001），故假设2a 不成立，假设2b、假设2c 得到支持，说明总体上社会网络对商业模式创新存在显著的正向影响，假设2 得到部分支持。

表6-5 社会网络对商业模式创新的影响

| 自变量 | 因变量：商业模式创新 | |
|---|---|---|
| | 模型3 | 模型4 |
| 公司规模 | -.021 | -.045 |
| 产业基础 | .390*** | .238*** |
| 公司年龄 | .026 | -.047 |
| 网络规模 | | -.057 |
| 关系强度 | | .214* |
| 中心性 | | .391*** |
| R2 | .149 | .392 |
| 调整 R2 | .139 | .377 |
| F | 14.271 | 25.951 |

再次，本书分析农村电商创业中商业模式创新对竞争优势的影响。模型5验证自变量商业模式创新对因变量竞争优势的影响。由表6-6可知，商业模式创新显著影响竞争优势（$\beta = 0.542$，$p < 0.001$），假设3得到支持。

表6-6 商业模式创新在社会网络和竞争优势之间的中介作用

| 自变量 | 因变量：竞争优势 | | |
|---|---|---|---|
| | 模型2 | 模型5 | 模型6 |
| 公司规模 | .103 | .103 | .075 |
| 产业基础 | .060 | .060 | .016 |
| 公司年龄 | -.017 | .058 | -.005 |
| 网络规模 | -.056 | | -.040 |
| 关系强度 | .190* | | .131 |

续表

| 自变量 | 因变量：竞争优势 | | |
|---|---|---|---|
| | 模型2 | 模型5 | 模型6 |
| 网络中心性 | . 527 * * * | | . 420 * * * |
| 商业模式创新 | | . 542 * * * | . 274 * * * |
| R2 | . 463 | . 354 | . 508 |
| 调整 R2 | . 449 | . 343 | . 494 |
| F | 34. 575 | 33. 257 | 35. 448 |

最后，本书讨论农村电商创业中商业模式创新的中介效应。回归分析结果见表6-6。由表6-6可知，社会网络对竞争优势存在显著影响（$\beta = 0.190$，$p < 0.05$；$\beta = 0.527$，$p < 0.001$），商业模式创新同样对竞争优势有显著正向影响（$\beta = 0.542$，$p < 0.001$）。当商业模式创新这一变量加入层次回归之后，结果表明关系强度不显著（$\beta = 0.131$，$p > 0.05$），网络中心性仍然显著（$\beta = 0.420$，$p < 0.001$），可见商业模式创新的加入削弱了社会网络的影响，这表明商业模式创新在关系强度与竞争优势之间起完全中介作用，在网络中心性和竞争优势之间起部分中介作用。因此，假设4a不成立，假设4b、假设4c得到支持。

## 6.4　研究结论与启示

### 6.4.1　结论

本章基于248份农村电商创业样本，研究了商业模式创新的社会网络前因及竞争优势后果。实证检验支持了如下假设：

一是商业模式创新能够显著提升农村电商创业中的竞争优势；二是良好的关系强度和网络中心性有利于商业模式创新，也有利于提升农村电商创业中的竞争优势；三是商业模式创新在关系强度与竞争优势之间起完全中介作用，在网络中心性与竞争优势之间起部分中介作用。

本书中假设2a和假设4a没有获得实证支持，即网络规模对竞争优势和商业模式创新均没有显著影响。该结果与部分学者的相关研究结论具有相似性，比如朱秀梅和费宇鹏（2010）在对初创企业关系特征、资源获取和绩效关系的研究中发现，网络规模对运营资源获取没有显著影响；向永胜等（2016）在对集群企业创新能力的研究中发现，网络规模和网络开放度对集群企业探索性创新能力的回归系数不显著。由此可见网络规模对企业创新、绩效及竞争优势的影响如何，是否网络规模越大越好，学界仍然存在争论。在本书的情境下，可能的解释有两个方面，其一是网络规模大的农村电商创业者虽然可以从多方获取信息和资源，但如果信息资源超过一定规模之后，由于企业对信息的挖掘和利用能力相对不足，造成信息冗余和规模收益递减，制约了持续有效的商业模式创新。其二是社会网络规模越大，企业规模往往也越大，由于大企业往往不如中小企业机动灵活，存在一定的经营和组织惯性，在创新及新的竞争优势获取方面反而不如中小企业（聂辉华等，2008）。因此，农村电商创业中不仅要重视社会关系网络的构建，更要重视对网络的有效管理及信息加工能力的构建，防止产生"规模不经济"。

### 6.4.2 理论贡献

（1）丰富了对商业模式创新的前因及后果的研究。本书以农村电商创业为背景，基于资源基础观及社会网络理论，提出了社会网络通过商业模式创新影响竞争优势的理论模型并进行了实证检验，从而发现了企业的商业模式创新是根植于其所处的社会网络，对其社会资源加以整合创新并体现为竞争优势的这样一种逻辑路径关系，是对 Chuang 等（2016）及 Mitchell & Coles（2003）的研究的一种整合与扩展。

（2）揭示了农村电子商务创业在面临诸多障碍的条件下获得竞争优势的逻辑。尽管如今的农村电子商务越来越受到重视，但无论是传统的经济学理论还是创业理论，都认为涉农创业是具有先天劣势的（张社梅、李冬梅，2017）。在这一背景下，基于文献和问卷调查基础上的实证研究，发现电商创业企业可以通过优化其社会网络，加强商业模式创新来获取独特竞争优势的逻辑。这不仅颠覆了传统的认知，还使得我们的理论可以更好地指导实践。

### 6.4.3 实践启示

"淘宝村"的创业实践表明，农村电商创业的成功最开始往往都是依靠返乡创业的电商带头人，线上通过电商平台聚拢资源，线下利用自身的社会网络优势整合本地资源，进而产生了种子商业模式，这种模式都充分利用了本地的特色资源，并具有低成本、高效率等竞争优势，从而能迅速打开市场。结合本章的研究，对提高农村电商创业成功率有如下启示：

首先，农村电商创业中要重视社会网络的构建和优化。在农村这片蓝海进行经济开发，需要尊重当地的文化传统，融入地方特色，与当地人建立关系网络，追求高质量而不是大规模的关系网，提高网络内外信息传达的可靠性和及时性，以便掌握异质性资源获取的能力。基于信任进行的信息共享是农村地区信息传播的重要途径，电商带头人和电商企业要保持高频次的信息交流，逐渐形成稳定且连接密切的关系网。更重要的是，处于中心位置的电商企业掌控了主动权，直接影响信息的流入与流出，是获取独特性资源最佳的位置，电商企业要努力向关系中心靠拢，引导地区经济的发展。

其次，农村电商创业中还应重视通过商业模式创新获取竞争优势。由于农村地区先天不足，人、财、物无法满足发展的需求，仅仅依靠产品创新和技术创新，固守旧的商业模式是无法摆脱现有的困状的。在信息技术高速发展的背景下，只有充分利用互联网的技术赋能效应，加强商业模式创新，才能避开农村固有的资源条件障碍，获得竞争优势，提高农村电商创业的成功率。对于"淘宝村"而言，也不能固守淘宝网的资源，而应该全网络经营，综合考虑其他平台如京东、天猫、拼多多、微商等。对于农村电商起步比较晚的地区，尤其要善于利用新兴的电商平台的低门槛优势，以获得更快发展。

第 7 章

# 商业模式的可扩散性与"淘宝村"产业发展

通过将阿里研究公布的历年"淘宝村"名单进行对比，我们发现，有的"淘宝村"能够继续发展，甚至蔓延至周边发展为"淘宝镇"，而有的"淘宝村"停滞不前，甚至从名单上消失。那么是什么原因决定了一个"淘宝村"能否持续发展呢？

从前文的分析可知，一个地方的农村电子商务能否发展壮大，甚至蔓延全国，关键在于其基因：商业模式。具体而言，是跟其商业模式的可扩散性有关。本章基于阿里研究院认定的全国第三批 212 个"淘宝村"的数据对其商业模式可扩散性特征进行聚类分析，对照其发展现状来说明哪种商业模式对于"淘宝村"来说是可持续发展的，哪种商业模式的"淘宝村"发展缓慢甚至消失，以及其背后的机理，从而为我国"淘宝村"产业升级和未来可持续发展提供可行的对策建议。

## 7.1　商业模式的可扩散性指标及其内在逻辑

"淘宝村"都是从事电子商务的专业村，其经营个体的商业模式趋同，且一般都由所谓的种子商业模式裂变复制而形成产业集聚，产业集聚的规模是"淘宝村"是否形成的标志（阿里研究院，2015）。

第 5 章的分析中指出，"淘宝村"的种子商业模式需具备 VIVA（Value，Imitation，Volume，Advantage）四个特性，即价值性、可模仿性、可容纳性和优势性。这四个特性综合决定了种子商业模式的可扩散性，从而决定了一个"淘宝村"的基因。下文将从学理角度对其进行论证。

（1）价值性。丰厚的利润是商业模式扩散的动力源泉。一个好的商业模式必须要能为利益相关者创造最大化的价值（魏炜、朱武祥和林桂平，2012）。而一个好的商业生态系统中，若想实现其成员共同价值的最大化，焦点企业自身的商业模式必须能够为成员企业提供较高的利润空间（李东，2008）。

（2）可模仿性。知识越隐性，就越依赖于面对面的传播（Nonaka & Takeuchi，2007），商业模式本身属于隐性知识，适合于在农村通过熟人社会人与人之间的传播。但又不能过于复杂，对资源能力的要求不能太高，否则将提高模仿的难度（Zott & Amit，2010）。互联网提高了知识传播的效率，大量的显性知识能够更快进行大范围传播，而一些隐性知识也能够通过视频或者在线视频等方式得到显性化传播，因而增加了农村电商模式的可模仿性。

（3）可容纳性。在竞争性市场中，市场规模的大小最终决定了该市场中能够容纳的竞争性企业的数量和规模。一个良性的商业生态系统不仅具有较强的可容纳性，而且其焦点企业往往能够与其他大量的中小企业共生共赢（李东，2008）。"淘宝村"的网商群体既从属于淘宝这个大的生态系统，又从属于其产品所在的传统行业这个子生态中，毋庸置疑，前者已经具有很大的体量，而后者规模则因其所在行业的市场需求而不同。

（4）优势性。竞争优势是企业在市场竞争中制胜的关键，而这种优势是否能够持续，则决定了企业能否长期拥有优势地位，因此，企业必须具备不可替代的、有价值的、稀缺且不可模仿的核心能力（肖红军，2015）。核心技术和独特的优势资源都可能成为"淘宝村"企业的核心能力。

在考虑商业模式扩散或"淘宝村"产业集聚形成的背景下，以上四个特性是一个逻辑统一的整体。第一，价值性指标解决的是扩散动力的问题，即首先要有足够的行业平均利润，这样才能对周围的村民或企业产生足够的吸引力。第二，可容纳性指标解决的是扩散规模的问题，即行业的天花板要足够的高，这样才能容纳大量的同质化竞争者，形成本地的产业集聚。第三，可模仿性指标解决的是扩散速度问题，难以模仿的商业模式太高的学习成本，拉长学习的时间，导致这种模式扩散速度迟缓。第四，优势性指标解决的是扩散效应的持久性问题，即商业模式的扩散能够长久持续。一些不具备优势或竞争门槛较低的商业模式，会因为后来者的涌入而变得不可持续。当然，可容纳性高的行业也会从一定程度上保持商业模式的持续扩散，降低优势性指标的重要性。

## 7.2 研究方法设计与指标测量

在衡量各个"淘宝村"的商业模式可扩散性时，因为各个村之所以能成为"淘宝村",都经历了商业模式快速模仿复制的过程,说明都具有比较好的可模仿性,因而在本章的研究中将此作为基本前提假设,不再考虑到模型中,仅留下价值性、可容纳性和优势性三个指标。

借鉴李东(2008)所提出的一个三维度的系统进化性能描述模型,基于商业模式扩散的条件,对价值性、可容纳性、优势性分别采用具体指标进行测量。

(1)价值性。用"淘宝村"的行业平均利润率这一指标来体现。我们首先根据每个"淘宝村"主打产品定位其所在的行业,然后对照国家统计局发布的2015年各行业平均利润率获得数据。诚然,有正反两方面的因素会影响一个"淘宝村"的平均利润率,其一是电子商务的运用会降低中间环节及运营成本,从而会提高利润率;其二是农村地区由于交通相对落后,会在一定程度上拉低利润率。上述影响因素一方面相互抵消,另一方面考虑到本书主要进行"淘宝村"之间的横向比较,可以采用相对利润率,因而对行业平均利润值不再作具体调整。

(2)可容纳性。我们采用市场规模这一指标来度量可容纳性,市场规模越大,就说明商业模式的包容性能越好,在竞争性市场里面,越能容纳更多同类竞争者。因为"淘宝村"的网商开店采用的平台以淘宝店为主,所以采用"淘宝指数"工具进行测量,具体公式为:类目关键词的"淘宝指数"＊产品客单价(均价),其中"淘宝指数"的数据反映了该类目的市场销量,乘以客单价则反映出其市场销售额的规模。

(3)优势性。优势性是指产品所拥有的技术优势和资源优势。我们采用专家打分法来测量,需要使用自然资源和技术资源两个二级指标。为了确保数据资料的可靠性和客观性，我们组建了7人组成的专家小组，均为专业从事"淘宝村"研究的教师和研究生。在打分之前首先对专家进行为期2天的培训，主要是充分介绍和展示各个"淘宝村"的情况，尽量使每位专家对所有212个"淘宝村"的情况都做到比较熟悉。然后，专家根据德尔菲打分法给予各个"淘宝村"的技术优势和资源优势两个指标进行10分制的打分，技术优势指标的打分依据主要包括技术人才数量、技术的难易程度等，资源优势指标的打分依据主要包括相关自然资源是否充足、是否有产业基础等，经过加权平均处理后进而获得了优势性指标的数据。

我们所研究的进行聚类的样本集是来自阿里研究院公布的第三批212个"淘宝村"，获得所有"淘宝村"的三个指标数据之后，需要进行聚类分析，将可扩散性相似的同类"淘宝村"进行识别，考察其指标共性，进而找出其产业的共同点。而后将其与2018年公布的第六批"淘宝村"名单进行对比，找出消失的"淘宝村"并分析原因。

在聚类分析时，利用SPSS24.0软件中的K中心聚类法，将212个"淘宝村"的三个指标数据导入进行分析。其基本原理为：先随机选取K个对象作为初始的聚类中心，然后计算每个对象与各个种子聚类中心之间的距离，把每个对象分配给距离它最近的聚类中心（李东，2008）。本章根据212个"淘宝村"的三个指标设定4个聚类组，经过多次迭代计算后，其具体的聚类结果如表7-1所示，聚类结果的方差检验分析结果如表7-2所示。ANOVA分析表明，三个聚类指标所对应的P值都在5%的水平上显著，可以判定这三个指标对"淘宝村"的产业模式分类有价值且符合最佳分类结果。由聚类的结果，我们可以从中分析出各个类别组产业模式的特征以及其规律。

**表7－1 聚类处理后每个类别组的数量**

| 聚类 | 1 | 67.000 |
| | 2 | 5.000 |
| | 3 | 66.000 |
| | 4 | 74.000 |
| 有效 | | 212.000 |
| 缺失 | | .000 |

**表7－2 分类方差检验（ANOVA）**

| | 聚类 | | 误差 | | | F | 显著性 |
|---|---|---|---|---|---|---|---|
| | 均方 | 自由度 | 均方 | | 自由度 | | |
| 价值性 | 389355582.315 | 3 | 80555.459 | 208 | 4833.385 | | .000 |
| 可容纳性 | .024 | 3 | .005 | 208 | 5.347 | | .003 |
| 优势性 | 97339769.742 | 3 | 20139.652 | 208 | 4833.240 | | .000 |

## 7.3 四种类型"淘宝村"产业发展模式分析

经聚类处理后，212个"淘宝村"形成了四种类别的产业发展（商业模式扩散）模式，本章根据各个类别组的基本状况与策略特征，分别归纳其主要特征及其规律，如表7－3所示。

（1）稳健发展型。该类别组"淘宝村"有67个，占"淘宝村"总量的31.6%。其扩散性能的"价值性－可容纳性－优势性"三个指标分别表现为：中－高－高，即行业平均利润率属于中等水平，但市场需求大，而且自身在资源或技术方面有较强的优势，多以加工型产业为主。主要代表者是生产制作藤铁家具和工艺品的福建安溪县尚卿乡灶美村，生产演出服饰的山东曹县大集乡，以及生产草柳编制品的山东博兴县锦秋街道湾头村，这些村的产业均已蔓延至周边，并发展成为淘宝镇。由于其定位的市场有一定的独特性，且依靠自身的工艺和技术，因而外地商家比较难以模仿，比如尚卿乡作为"中国藤铁工艺第一乡"，其藤铁工艺代代相传、名师辈出，可以在当地蔓延，而由于技术的复杂性，需要面对面地进行交流学习，故对于外地人来说不易掌握，能够有效地防止外部进入，全国同类"淘宝村"数量还比较少，基本都集中在本地。从产业发展特征来看，这类"淘宝村"都具有规模经济的优势，经过一段时间的发展，逐步积累，形成比较完整的产业链，能够稳步向产业集群迈进。

（2）封闭发展型。该类别组只有5个"淘宝村"，占"淘宝村"总数的2.4%。其扩散性能的"价值性－可容纳性－优势性"三个指标分别表现为：高－中－高，即行业平均利润率很高，但市场需求有限，自身依托独特的资源或技术优势，外地人极难模仿。主要代表村如十堰市郧西县涧池乡下营村、苏州市阳澄湖镇消泾村和保定市羊平镇南村等，这几个"淘宝村"的产品分别是绿松石、大闸蟹和石雕。比如下营村的绿松石属于珠宝首饰类，其价格昂贵，利润丰厚。下营村处在全国绿松石的原产地，不仅有得天独厚的资源优势，而且当地已经具备加工绿松石的工艺，因此产业链相对完善，成本也相对较低，竞争壁垒非常高，外地人根本进不来。但是也由于其定位的市场比较独特，需求不会很大，因而其发展速度也不会很快，属于封闭式发展类型。

表 7 – 3  四种类型的产业发展特征描述表

| 类型及编号 | 类型特征描述 | 典型村镇及其主打产品 | 扩散特性（价值性 - 可容纳性 - 优势性） | 是否淘宝镇 | 全国同类产品"淘宝村"数量 |
|---|---|---|---|---|---|
| 1. 稳健发展型 | 具有规模经济，发展稳健 | 曹县大集乡（演出服饰） | | 自身及周边出现多个淘宝镇 | 6 |
| | | 尚卿乡灶美村（藤铁家具、工艺品） | 中—高—高 | 是 | 5 |
| | | 锦秋街道湾头村（草柳编制品） | | 是 | 5 |
| 2. 封闭发展型 | 依靠自身独特资源封闭式平稳发展 | 涧池乡下营村（绿松石） | | 否 | 1 |
| | | 阳澄湖镇消泾村（大闸蟹） | 高—中—高 | 否 | 1 |
| | | 羊平镇南村（石雕） | | 否 | 1 |
| 3. 局限发展型 | 市场发展不明朗，生产尚未形成规模经济，低水平缓慢发展 | 清凉峰镇白牛村（山核桃） | 白牛村（零食） | 是 | 3 |
| | | 剑池街道南秦村（宝剑） | 中—低（中）—低 | 否 | 1 |
| | | 陇田镇珠埕村（香水） | 否 | 1 | |

续表

| 类型及编号 | 类型特征描述 | 典型村镇及其主打产品 | 扩散特性（价值性 - 可容纳性 - 优势性） | 是否淘宝镇 | 全国同类产品"淘宝村"数量 |
|---|---|---|---|---|---|
| 4. 寄生发展型 | 寄生于周边优势产业，专注网销而迅速发展 | 白沟新城白五村（箱包） | | 自身及周边出现多个淘宝镇 | 11 |
| | | 占陇镇西楼村（手机） | 中—高—中 | 自身及周边出现多个淘宝镇 | 9 |
| | | 新塘镇白江村（牛仔裤） | | 自身及周边出现多个淘宝镇 | 9 |

（3）局限发展型。该类别 "淘宝村" 有 66 个，占总量的 31.1%。其指标特征组合为中 - 低 - 低，即中等利润率，市场需求较小（或中等），尚未形成自身的优势。此类 "淘宝村" 的命运取决于其能否形成规模经济。这些 "淘宝村" 大多是传统上在当地有一些小产业，因为抓住了淘宝网销的机遇，实现了传统产业的转型，但因为产业规模比较小，生产经营条件比较原始，大多还停留在家庭作坊阶段。其代表村有临安市清凉峰镇白牛村（山核桃），龙泉市剑池街道南秦村（宝剑），汕头市陇田镇珠埕村（香水）等。比如临安市清凉峰镇的三个村，其山核桃资源比较丰富，多年以来很多农户从事加工销售坚果炒货的行当，但由于山核桃生长有周期性，其生产加工工艺比较简单，难以形成自身的优势，因而产业的可持续性有待检验。此类 "淘宝村" 能否可

持续发展，关键看能否通过需求带动形成大规模生产，实现规模经济。

（4）寄生发展型。该类别组"淘宝村"数量最多，有74个，占总数的34.9%。其指标组合特征为：中－高－中，即行业平均利润率属于中等甚至较低，但市场需求很大，自身也能形成一定的优势。这类"淘宝村"特点是多数都依托周边城市或本地的传统优势产业，并且这些产业在全国范围有一定实力，有大型龙头企业带动，其产能、销量都非常大，规模经济效应非常明显。这些"淘宝村"便是寄生于此产业，为其提供原材料、初级加工品或代销服务，因而经营模式主要也有两类，即供货商模式和拿货销售商模式。涉及的产品主要包括牛仔裤、毛衣、女装、手机、鞋类等。比如浙江义乌的"淘宝村"大多数都是凭借着"全球小商品集散地"义乌小商品市场发展并壮大起来的，其成本低廉、货品丰富，具有较强的自身优势。此类"淘宝村"因为有着强大的市场容量为其作为发展后盾，故包容性很好，但由于这类模式并没有什么外部竞争壁垒，故现有竞争者以及潜在进入者也容易模仿复制这一商业模式，使得该商业模式能够快速扩散。在四类"淘宝村"中，此种类型的发展最为迅速，其扩散的范围也不仅局限于本地。

## 7.4 消失"淘宝村"的原因分析

进一步，从纵向时间维度审视"淘宝村"发展，我们将阿里研究院2014年第三批212个"淘宝村"与2018年公布的第六批"淘宝村"名单进行对比，发现有大约22个"淘宝村"已经消失，消失的具体名单如表 7－4 所示。这些"淘宝村"消失的事实，再次印证了我们在第 4 节对各类"淘宝村"的发展分析。

这些消失的"淘宝村"中，数量最多的是第 3 类和第 4 类"淘宝村"，即有限发展型和寄生发展型。在第 3 类消失的"淘宝村"中，多数原来本身规模就不大，主打产品主要是皮具、香水、坚果炒货、刀剑、袜子、地毯等，消失的主要原因可能在于内外因两方面，从外因来讲是市场需求停滞不前，并且竞争也日益激烈。从内因来讲是销售能力有限，无法通过扩大销售来带动生产发展，实现规模经济，并且原来小而散的经营模式很难应对竞争需要。第 4 类消失的"淘宝村"，有些原来规模还比较大，主打产品大都是手机、服装鞋帽产品，这类产品很多原来都是山寨货，因为山寨起家，又因为山寨而消失，其消失的具体原因主要是：其一，市场需求的萎缩，比如山寨手机；其二，淘宝等电商平台制度越来越规范，打击假货的力度越来越大，像福建某地的高仿运动产品就曾集体遭到淘宝的封杀；其三是同质竞争日趋激烈，不断拉低了行业的整体利润，一些没有实力的网商不得不转型发展。

**表 7－4　从 2017 年"淘宝村"名单中消失的"淘宝村"**

| 省 | 镇 | 村 | 发展类型 | 主打产品 |
|---|---|---|---|---|
| 福建省 | 梧塘镇 | 松东村 | 4 | 鞋 |
| 福建省 | 黄石镇 | 清前村 | 4 | 女装 |
| 福建省 | 黄石镇 | 西洪村 | 4 | 女装 |
| 福建省 | 新度镇 | 东郊村 | 4 | 女装、男装 |
| 福建省 | 榜头镇 | 泉山村 | 3 | 家具 |
| 福建省 | 枫亭镇 | 海安村 | 4 | 服装 |

| 省 | 镇 | 村 | 发展类型 | 主打产品 |
|---|---|---|---|---|
| 广东省 | 人和镇 | 鹤亭村 | 3 | 皮具 |
| 广东省 | 老隆镇 | 水贝村 | 4 | 鞋 |
| 广东省 | 白花镇 | 太阳村 | 4 | 家电配件 |
| 广东省 | 军埠镇 | 大长陇村 | 4 | 手机 |
| 广东省 | 占陇镇 | 新寮村 | 4 | 手机 |
| 广东省 | 成田镇 | 西岐村 | 3 | 数码配件 |
| 广东省 | 陇田镇 | 芝兰村 | 4 | 手机 |
| 广东省 | 陇田镇 | 珠埕村 | 3 | 香水 |
| 广东省 | 河溪镇 | 东陇村 | 4 | 手机 |
| 河北省 | 杨二庄镇 | 东高庄村 | 3 | 毛线、毛衣 |
| 江苏省 | 沙溪镇 | 泰西村 | 4 | 鞋 |
| 江苏省 | 墨河街道 | 新段村 | 3 | 皮革 |
| 浙江省 | 清凉峰镇 | 白牛村 | 3 | 坚果炒货 |
| 浙江省 | 龙渊街道 | 村头村 | 3 | 刀剑、青瓷 |
| 浙江省 | 姜山镇 | 茅山村 | 3 | 地毯 |
| 浙江省 | 暨阳街道 | 邱村 | 3 | 袜子 |

## 7.5　四种类型"淘宝村"的竞争分析及产业升级策略

基于以上对"淘宝村"的聚类及特征分析，我们进一步讨论各个类型"淘宝村"的竞争优劣势及产业发展前景，并为其产业升级和"淘宝村"的可持续发展提供政策建议。

（1）稳健发展型。此类"淘宝村"的产业根植于本地而原发产生，其优势在于市场需求相对较大，如家具、铁艺等，又能形成规模经济，生产经营成本持续降低，在市场竞争中逐步占据领先优势，因而发展比较稳健，产业前景比较光明。其风险在于缺乏品牌，在向更高端市场迈进时缺乏竞争力。比如沙集镇的简易拼装家具，本身的设计制造比较容易被模仿，而低端的产品又很难通过专利等手段有效保护其创新，因而其市场竞争日益激烈，利润也越来越低。此类"淘宝村"应加强品牌打造，不断提升产品附加值，以产品技术创新引领行业发展，顺利实现产业升级。

（2）封闭发展型。此类"淘宝村"依托其独特的资源或技术优势，构建起强大的竞争壁垒，令外部竞争者望而却步。因此，既没有竞争压力，同时也失去了前进发展的动力，其规模经济比较难以实现。对于此类"淘宝村"，首先应加强政策引导，树立更加远大的发展目标。其次，要延伸产业链，扩大商业生态圈，将产业做大做强，而"淘宝村"自身要逐步强化对核心资源的掌握，或承担起平台的作用。尤其像阳澄湖大闸蟹之类的具有生长周期限制和规模经济天花板的行业，更需要注重发展下游相关产业。再次，要将品牌做大做强，提升产品附加值。最后，要加强销售带动，以销售倒逼产业创新和持续发展。

（3）局限发展型。此类"淘宝村"也多属于本地原生，以家庭小作坊式生产为主。因而其优势在于机动灵活，创业成本和创业风险比较低，能够满足大部分农民基本的脱贫致富的愿望。但缺点也比较明显，即小而散，难以形成竞争优势。其发展前景取决于市场需求的发展和销售通路的开拓，如果市场发展呈明显上升趋势，且能充分利用电商平台打开销路，进而以销售带动生产，则可期望有实力的厂商会脱颖而出，通过资源整合和自身的积累式发展，逐步实现规模经济，从而转型为第一类"淘宝村"，比如沭阳县新河镇的花卉。但是，如果市场需求发展缓慢，甚至属于夕阳产业，加上淘宝平台竞争日益激烈，其销售日益萎缩，那么这种类型的"淘宝村"就很难可持续发展，甚至会逐步消失。针对此类"淘宝村"，我们的建议是关键要找准市场定位，如果市场预期比较悲观，则应尽早主动转型。

（4）寄生发展型。此类"淘宝村"寄生于其周边城市或本地的优势产业，具有明显的规模经济和成本优势，初期发展相对更快。但与此同时，由于本地及外地的同类竞争者不断涌入，其竞争会越来越激烈，如果市场需求的增长不能消化竞争者数量的增长，则行业平均利润被逐渐拉低，后期发展比较乏力，比如晋江的服装和鞋类等产业。尤其像一些现在看似需求很大，但不符合长期发展趋势的行业，都存在较大的市场风险，比如牛仔裤产业对环境的污染较大，山寨产品会因市场逐步规范而退出市场等。一旦这些行业萎缩，龙头企业受到冲击，则会出现"树倒猢狲散"的后果，此类"淘宝村"的前景堪忧。对于此类"淘宝村"，首先要着力开拓市场，比如发展跨境电商，提升抵御市场风险的能力；其次要延伸产业链，并发展相关产业，以增强产业的健壮性，从而有助于产业的升级发展。

# 第8章

# "淘宝村"的产业演化

从产业层面看，"淘宝村"以不到 10 年的时间走过了传统产业需要几十年乃至上百年才能完成的演进过程，其发展速度令世人瞩目，其发展规律值得深入研究（刘亚军、储新民，2017）。由于传统的产业组织理论和静态均衡经济理论无法解释一个产业发展的动态过程（贾根良，2004），因此，在前面几章的基础上，本章尝试从经济演化理论的视角，从产业层面来剖析"淘宝村"产业是如何形成和演化的，其演化的特征、机理与路径如何？以此来找到"淘宝村"发展的原因和规律，为推广"淘宝村"模式，以及"淘宝村"自身的产业升级提供政策建议。

## 8.1 "淘宝村"产业演化的系统性特征

演化经济学认为，产业演化的背后，是组织惯例起着决定性作用。惯例是产业演化的基因密码，决定了产业演化的特征、机制和路径。惯例被定义为组织中存在的重复性的活动模式（Nelson & Winter，1982），产业的演化是通过惯例的遗传（复制）、变异和选择来实现的。依据惯例所涉及的组织范围大小划分，惯例可以分为企业惯例、产业惯例和社会惯例，企业惯例包括企业的技术流程、管理制度、商业模式等，产业惯例包括行业中多个企业共同遵守的规则、制度等，而社会惯例则包括当地社会的风俗、文化等（Giddens，1984）。

"淘宝村"的出现，是在互联网背景下，电子商务对传统产业进行改造的产物。是在彻底的基因变异的基础上，产生出完全不同于以往的一种商业生态系统，具有独特的系统性特征。

（1）自组织性。"淘宝村"多数是根植于市场并自发形成的。依靠"互联网＋农村"而产生的全新商业模式，让农民真正成为市场主体和利益分配的主人。脱贫致富的原始欲望加上周围邻里的带动作用，让农民产生创业冲动，而电子商务极低的创业成本让这种冲动转化为行动。这种农户自发创业而形成的经济系统具有"自组织"性，能在与环境相互作用条件下，通过自身的演化而形成新的结构和功能。正是这种源自市场，遵循市场规律，甚至是"野蛮生长"出来的商业生态，才真正具有主动适应环境、自我进化的能力。

（2）变异彻底性。互联网对于经济社会而言，不仅是一场颠覆性的技术变革，更带来了一场颠覆性的商业模式变革和社会变革，农村也不例外。互联网彻底改变了人们的交往方式、交易方式和商业模式。传统的制约农村发展的最大瓶颈——数字鸿沟终于不复存在，巨大的市场通过互联网向农村敞开怀抱。在给定制度不变的条件下，传统的农村产业发展缓慢的原因是农民作为劳动者的生产地位没有改变，生产关系没有变化。而在互联网电子商务条件下，农民通过自主创业成为网商，掌握订单，从而彻底改变了生产关系，激发了农民参与市场的积极性。可以说，"淘宝村"的出现意味着农村生产关系的深刻变革，是一种更加彻底，更具颠覆性的变异。

（3）弱路径依赖性。根据经济演化理论的观点，由于惯例具有自我保持的惯性，因而产业的演化也会表现出路径依赖的特征（Nelson & Winter，1982）。但我们的观察发现，一些"淘宝村"的产业表现出弱路径依赖特征，即新产业不一定以原有产业为基础，可以从无到有发展起来。我们以全国第三批"淘宝村"为例统计，其中有25%的村没有以原来的主打产业为基础。比如沙集镇东风村，其传统产业是废旧塑料回收，村里当初几乎没有做家具的手艺人和生意人。但自2008年孙寒开出第一个家具淘宝店后，村民们争相效仿，东风村的简易家具产业迅速从无到有发展起来，5年就实现产值过亿。这种弱路径依赖性，其原因首先是因为生产关系的变异比较彻底，劳动者从传统的面朝黄土背朝天的农民变身为网商，从被支配地位提升到支配地位，其所形成的商业模式具有完全不同于传统的基因，因而可以摆脱对一些传统产业资源的依赖，开辟出全新的领域和产业。其次是农民网商们选择的产业往往具有全新的竞争优势，找到了合理的定位。比如东风村为何选择简易家具？因为相比高档家具，简易家具更适合网销，城里的家具商不愿意做，且当时的网络平台上竞争较少，大家都是白手起家，无疑进一步降低了创业风险。

## 8.2 "淘宝村"的产业演化机制

"淘宝村"产业演化所体现出的这些系统性特征,可以从其惯例演化机制中得到解释(孙永磊、党兴华和宋晶,2014)。产业演化的根本动力是底层的企业惯例的创新演化,又受到上层的社会惯例的影响。企业是产业的构成单位,变异是演化发生的基础。企业通过创新实现变异。没有企业的创新,产业演化就会停滞不前,一潭死水。同时,企业的创新和产业演化,又根植于当地的文化、思想观念、风俗习惯等。社会惯例可以促进,也可以阻碍企业的创新(魏江、郑小勇,2012)。产业演化还需要通过企业的学习来实现遗传和复制,这主要体现为企业家的学习,知识复制的速度主要取决于企业家学习的能力。产业演化的另一个重要机制是选择机制,这便是企业之间的竞争和优胜劣汰的市场机制。"淘宝村"产业演化的微观个体是企业,从农户的家庭作坊到成长为家族企业甚至现代股份制公司,其成长过程具有很强的内生性。遗传(复制)、变异与选择三种机制构成了"淘宝村"产业演化的基本机制。

### 8.2.1 企业家精神是"淘宝村"产业演化的内生动力因素

"淘宝村"的农民网商,最初是以农户为单位,或三五亲朋好友一起创业,发展壮大后可以成为家族企业乃至股份制企业。这些大大小小的企业及其相关利益者构成了"淘宝村"的产业生态体系,也是推动

"淘宝村"经济社会发展的最活跃的因素。那么又是什么因素决定了这些企业持续不断地进入市场,为企业生存发展打拼呢?最终还是人的精神,即企业家精神。经济发展理论认为,企业家精神是一种重要的生产要素,是长期经济增长的真正源泉(庄子银,2005)。从微观和中观角度审视,企业家精神是企业成长以及产业集群演进的内生动力(郑风田、程郁,2006)。企业家精神代表了创业者的一种人格内涵,其核心要素是创新、冒险和学习等(姜忠辉、徐玉蓉,2015)。"淘宝村"创业者的背景中,有的是曾经面朝黄土背朝天的农民,有的是扔下铁饭碗义无反顾下海的工人,有的是在外闯荡多年返乡的打工仔,有的是刚刚毕业就毅然决定回乡创业的大学生。他们在渴望致富的驱动下,在同村榜样的带动下,敢于创业,主动地向周围邻居、亲戚朋友或从互联网学习电脑、网络和商业知识,成为第一批"吃螃蟹的人"。当市场不景气或遇到激烈竞争的时候,先行企业能迎难而上,率先进行产品、工艺和商业模式创新,而落后企业又通过学习和模仿将这种创新进行扩散,形成"螺旋式上升、波浪式前进"的产业发展态势。

同时我们也发现,一些"淘宝村"的企业之所以做不大,与其企业家精神的缺乏和一些落后的本地文化影响有很大关系。小富即安、单打独斗等一些落后的思想观念不同程度地制约着"淘宝村"的发展壮大。

### 8.2.2 技术与商业模式创新交替升级形成"淘宝村"产业演化变异机制

技术创新和商业模式创新是生产力水平提升的主要途径,也是产业创新变异的两大根本推动力。一直以来，技术创新被视作是产业演化的核心因素（傅家骥，1998），直到近几年，商业模式作为另一重要因素才逐渐被重视。实际上，熊彼特早就提出，并非只有技术创新才是创新，新市场的开辟，资源的重新配置，要素的重新组合也是创新。商业模式的创新本质上是资源配置和要素组合的创新。大量研究表面，商业模式创新不仅是技术进步的构成因素，而且与技术创新是相辅相成的。技术本身没有任何经济价值，只有将其商业化才有"产业"的形成（陈志，2012）。洪志生和薛澜等人（2015）也提出，商业模式战略层面创新有利于引导技术创新向符合市场需求的方向发展；商业模式获利层面创新是技术创新的重要补充；商业模式运营层面创新有利于为技术渐进性创新提供稳定的支撑平台。

"淘宝村"的产业形成与演化，同样也是技术创新和商业模式创新相互作用的结果。从外部的创新因素来看，首先是互联网这一重大的技术创新的出现，引发了电子商务的大发展，并逐步向农村渗透，彻底颠覆了传统的农村小农经济和依托乡镇企业发展的商业模式。从内部的创新因素来看，"淘宝村"里的一些先行者抓住网络电商平台交易的新机遇，找到某种适合农民在农村创业的新模式，率先开始自主创业，由此打开了一个广阔的、前所未有的大市场。在竞争的压力和市场需求的推动下，一些竞争力较强的农户和企业不断进行产品创新和工艺创新，引领市场潮流，逐步形成区域品牌并迅速成长。

### 8.2.3 农民网商的"双网学习"形成"淘宝村"产业演化的复制机制

Nelson 和 Winter（1982）认为，遗传（复制）是经济组织演化的重要环节，用于保存和延续创新变异的成果，其基本形式是创新的扩散和知识的学习。创业者是知识学习的最重要的主体，"淘宝村"的创业者（农民网商）的学习途径主要有两种，一种是基于互联网的线上学习，另一种是基于农村熟人社会的线下学习，我们将这种线上线下相结合的学习称为"双网学习"。"淘宝村"的产业之所以能够快速扩张，关键是对新模式和新产品的模仿复制速度快，而其背后的根源在于网商的这种双网学习的低成本优势：无论是线上还是线下的学习，其学习成本都比以往要低得多，或者比同行竞争对手要低，从而体现出速度优势。首先，互联网的出现，缩小了城乡之间的数字鸿沟，农户也可以跟城市人一样，快速从线上获得各类信息和知识。对于网商而言，竞争对手就是学习的对象，而网店所展示出来的信息是充分且容易获得的，竞争对手的商品品类、价格、宣传手段、客服流程、网店装修等信息都非常透明，要学习和模仿非常方便。其次，从线下学习来看，乡土社会相较于城市社会而言，更加注重熟人关系和邻里亲情，线下交往更加频繁，有利于创业经验的快速扩散。成功创业者的致富经，会通过线下跟亲戚朋友的交流中快速传出。虽然有些人不太情愿别人分享自己的成功经验，害怕"青胜于蓝"，但碍于面子，往往也不得不多少传授一些。因此，"双网学习"的低学习成本优势，使得先行者的商业模式和技术经验得以"一传十，十传百"地裂变式传播，带动了产业规模的迅速扩张。

## 8.2.4 网商竞争与合作形成"淘宝村"产业演化的选择机制

充分的竞争与合作所形成的市场选择机制是"淘宝村"产业得以快速演进的法宝。经济演化理论认为,"物竞天择、适者生存"的选择机制是决定经济社会演化的核心机制。复杂系统理论也认为个体间的竞争与合作是群体演化的推动力量。专业市场或区域市场内不同主体之间,迫于激烈的外部竞争而积极寻求创新,从而促进市场与产业集群整体创新能力提升,实现两者互动过程的升级。此外,频繁的合作有利于资源在它们之间的优化配置,进而创造"合作租",增强彼此适应市场竞争的能力,在相互作用、相互促进中不断实现升级(陆立军,2011)。一些"淘宝村"仅用几年时间就走过了资本主义需要几百年才能完成的产业演进过程,这主要是因为充分竞争造成的。充分竞争局面的形成得益于如下三个方面:首先,农村电子商务通过互联网平台,面对的是全国性的乃至全球性的市场和竞争对手,信息比较完全。其次,农村的熟人社会使得模仿、学习和合作变得更加容易,创新扩散速度相对更快,且更容易形成抱团与合作。再次,农村电子商务创业的起点一般比较低,创新的知识含量和隐性程度较低,从而更容易被模仿。以"淘宝村"山东省博兴县湾头村的草柳编为例,近5年网店数量年均增长120%左右,由于竞争的日益激烈,网店平均利润从当初的100%下降到20%。相应地,在竞争的基础上,合作也越来越频繁,《阿里农产品白皮书》显示,与涉农电商有关的合作社、协会等行业中介组织的数量和规模也急剧增加,这充分体现了"淘宝村"企业竞争与合作的活跃程度，是"淘宝村"的市场选择机制日益成熟的体现。

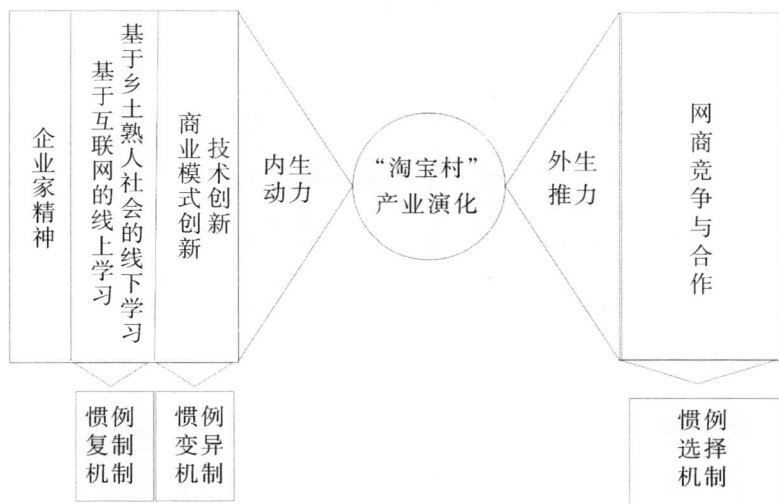

**图 8 - 1 "淘宝村"的产业演化机制**

## 8.3 "淘宝村"产业演化的路径

在产业演化的过程中，创新引发的变异是演化路径的决定因素。"淘宝村"的产业演化是在互联网条件下，商业模式创新与技术创新双轮驱动产业规模、区域品牌和竞争力不断提升的过程。"淘宝村"的产业演化主要经历了三个阶段。

### 8.3.1 萌芽阶段

萌芽阶段的标志是创业火种（带头人）的出现和新商业模式的形

成，这种新商业模式的产生具有偶然性，模式本身具有较强的可复制性。在此过程中，变异和选择机制起到决定作用，该过程以商业模式创新为主要触发点。"淘宝村"能形成一个成规模的产业集聚或集群，最初都是由一两个敢于吃螃蟹的年轻人引入或发现一种新的商业模式（比如找到一种在网上适销对路的产品）而开始的，如江苏沙集镇东风村的孙寒开创了简易家具的网销模式，福建安溪县灶美村的李江斌开创了铁艺家具的网销模式。尽管这种创新和变异具有偶然性，但是其创业的成功则必须由市场的选择机制所决定，即他们选择的商业模式是否符合市场需要，是否符合"竞争优势"原则。以沙集孙寒选择的简易家具为例，当时在东风村没有任何产业基础，属于一种偶然性"变异"。仔细考量会发现，在当时的条件下，这一市场存在巨大的机会，且非常适合农村电子商务创业：首先，做传统家具生意的不懂互联网，做互联网的不懂家具，这是一个市场空隙所在；其次，家具行业是劳动力密集型的，农村相比城市，劳动力成本更低；再次，相比大件家具，简易拼装家具容易打包，方便配送，物流成本更低；最后，相比其模仿对象"宜家"，其成本低、价格低，更能迎合中国消费者。这么巧妙的一种模式能够被想到，而且能够被一个合适的人来实施，不能不说具有偶然性。尽管有些地区可以依托其原有产业基础来开展电子商务创业，但是具体由一个合适的带头人来设计并实施这样一种巧妙的模式却并非易事。

模式变异产生后，若要形成选择机制和"星火燎原"的态势，则取决于这种模式的可扩散性，尤其是可模仿性（参见第5章5.4节）。孙寒创造的沙集模式是容易复制的：首先，模式复制成本非常低，2万元就可办起一个加工厂，而开设网店的成本几乎为零，请的人基本都是自家亲戚。其次，容易上手，模仿和学习成本低。"一指禅也能开网店"，那些接受新事物能力强的年轻人，通过当面请教和网络搜索，很快就能掌握网络和开店的技能，而简易拼装家具的加工基本可以用机器替代人工，不存在技术上的困难。

可见，在萌芽阶段，关键也是最难的因素就是由合适的人找到合适的模式。在没有创业氛围的地方，这可能是偶然性因素，而在创业氛围浓厚的地方，这就是一个大概率的事件。因而，这也解释了为什么"淘宝村"最先出现在东南沿海地区，然后再向内地蔓延。

### 8.3.2 裂变式扩张阶段

该阶段的标志之一是主体商业模式的裂变式复制和扩散，呈现星火燎原之势，标志之二是技术创新开始凸显其作用，与商业模式创新相辅相成、交替升级，双轮驱动产业规模的扩张和竞争力的提升。

经历市场选择的成功模式得以快速裂变式复制，其原因除了模式本身可复制性强、创业成本低之外，农村熟人社会的存在也是重要因素（费孝通，2008），加上互联网信息获取的便利，为互联网创业所需的隐性知识和显性知识的学习提供了网络基础，从而让成功经验和模式得以迅速传播。由于是自发形成且快速复制的"野蛮式生长"，该阶段的产业特点是网商"多、小、散、弱"，无序竞争，也就是大量的同质竞争者拥挤在同一个市场领域，大家都是刚刚起步，规模小，没有什么实力，且各自为政，没有形成整体，从而导致行业竞争无序，价格战频发，行业利润越来越低。

与此同时，行业的潜在进入者会发现，与其开一家与竞争者一模一样的店，去争夺本来已经微薄的利润，不如换一种商业模式，为现有的网店提供服务，比如网店装修和摄影等。而现有的网店也发现，与其自己把价值链上所有的环节都做下来，不如把网店装修、快递打包等一些费时费力而自己又不擅长的环节外包出去。从而，行业的分工开始出现，并越来越细化。以东风村的拼装家具产业为例，其裂变式发展过程就是产业规模不断壮大，产业链不断延伸，分工不断细化的过程：从2006年的一个淘宝店开始，其拿单、生产、物流等几乎所有环节，都由孙寒自己承担，再到2007年时镇上有了下游的第一家快递公司，再到后来的逐步有了家具加工厂、包装厂和设计公司等，其规模和厂商数量都在不断增加，竞争力也不断增强。

另外，技术创新的作用开始显现。其一是因为企业想通过技术创新进一步降低商业模式各个环节的成本，其二是因为市场竞争推动领先企业思考如何通过技术创新保持优势。首先，当一种先进的商业模式产生并迅速被复制时，其模式本身并不完善，而且不同的农户或企业在实施过程中，由于经营能力的差异，导致其产生的成本也有高有低，需要通过技术创新来降低各个环节的成本。拿阳澄湖大闸蟹来说，其快递打包就经历了三个技术创新阶段。刚开始，没有任何保护的打包快递让大闸蟹在物流过程中大量死亡，后来人们在包装盒中加上湿草，再到后来发明了专用的泡沫包装盒加冰冻矿泉水瓶以保持低温和湿润，才把物流死蟹率降到10%以下。其次，随着模仿者增多，竞争加剧，领先企业无法再从原有的商业模式获得创新租金时，企业就不得不开始考虑如何通过技术创新来维持其领先地位。在江苏沙集镇，领先的家具企业开始重视设计和研发并申请专利，甚至出现了专门的知识产权代理服务机构。

### 8.3.3　产业集群式发展阶段

该阶段的标志是规模企业不断涌现，技术创新引领区域品牌和竞争力不断升级。其特点是电子商务产业链条日趋完整，电子商务服务支撑体系逐步完善，整个商业生态体系日渐健壮。在这一阶段，技术创新的重要性超过商业模式创新，成为推动区域经济发展的根本动力。竞争日趋激烈利润降低，迫使企业通过经营的多样化、提高科技含量、用户个性化定制、品牌化发展等手段提高利润，行业规模不断壮大。在治理机制上，以农户家庭为单位的产权制和家庭作坊式的经营制（可将其简单地合称为"家庭制"）不再适用，现代企业制度开始建立，一些企业为了长远发展，甚至转为股份制，有实力的大企业不断涌现。而资金、土地、人才要素瓶颈的日益凸显也推动了企业从竞争走向合作，对环境主动施加影响，积极向政府寻求支持。几乎所有的"淘宝村"都自发组织了电子商务协会或合作社，为农户和企业提供培训、技术支持、推广和销售等服务。政府看到"淘宝村"的发展前景，也主动与其对接，从政策、资源方面予以倾斜，推动"淘宝村"更快发展。目前，绝大多数"淘宝村"地方政府都已出台电子商务发展规划，建立电子商务产业园或物流园等，大大缓解了企业的土地、资金和人才瓶颈压力，有力支撑了区域电子商务产业的集群发展。

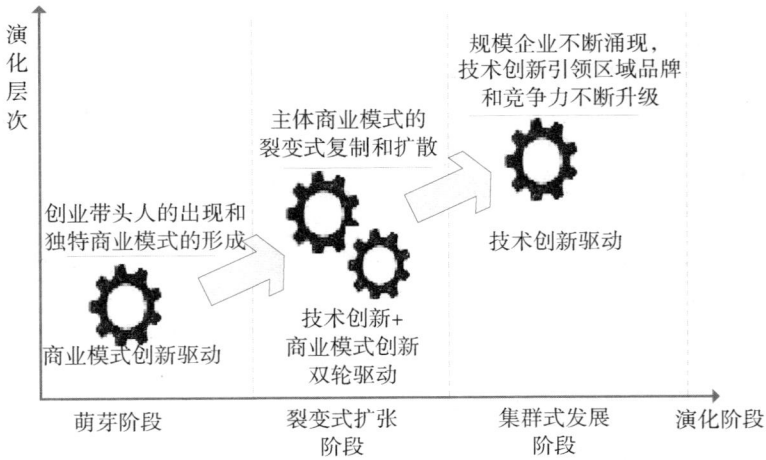

**图 8-2 "淘宝村"的产业演化路径**

## 8.4 政策启示

"淘宝村"的兴起,代表了"互联网+农村"时代新兴生产力的发展方向,也代表了新的生产关系在农村的成功实践。这种由市场主导、农户自发形成的商业生态和区域产业,具有顽强的生命力。"淘宝村"的出现是时代的产物,是不以人的意志为转移的。政府在推动农村电商发展方面,形势逼人、大有可为,不能缺位,但也不能越位。做好服务,是政府最大的职责。基于上述分析,针对自发式农村电子商务的产业发展,政府可以从如下三个方面制定政策。

(1)赋能其变异机制。产业的变异机制就是其创新机制,在"淘宝村"产业演化的各个阶段都起到引领作用。农村电子商务环境下,需要充分利用互联网等工具,打破传统的思维,突破传统条件的束缚,赋能农民创业。在种子商业模式产生阶段，封闭的环境难以产生创新，为了激发更多的商业模式原始创新，需要充分发挥互联网的作用，并以创业带头人为主体实施商业模式创新。即要加强宽带和通信基础设施建设，加强信息化应用。充分挖掘和培育创业带头人，引导和鼓励返乡农民工和大学生实施电商创业，引导村民掌握和应用各类新兴电商应用尤其是移动互联网平台应用。在产业集群发展的成熟阶段，则需要引导企业破除产业发展的传统障碍，包括对旧技术和商业模式的依赖，小富即安的思想观念等，积极开发新技术、新产品，探索新的商业模式，将产业持续做大做强。

（2）激活其复制机制。种子商业模式产生之后，随着商业模式的复制扩散，产业逐步实现集聚和集群。为了促进种子商业模式得到更快的扩散，需要对阻碍商业模式复制的因素进行排除，并激活其复制机制。首先，要形成良好的创业氛围，鼓励相互学习和交流；其次，要着力降低市场交易成本，帮助农民降低创业成本。降低网络和通信资费，积极推动网上银行、移动支付等新型支付方式的普及应用。积极探索农村金融及小额创业贷款的新模式，充分利用互联网金融等新兴工具，解决融资难问题。还要着力打造和完善县、乡、村三级物流体系，要允许和引导民间资本的进入，改善农村物流基础设施和条件。

（3）规范其选择机制。竞争与合作形成了农村电商发展的选择机制，良好的市场环境是选择机制发挥作用的前提。农村电商发展到一定阶段，便面临一些共同的问题，比如要素资源瓶颈日渐凸显，人才和资金匮乏，土地供应紧张；行业竞争无序，自律缺乏、监管缺位；行业标准尚未建立，产品质量和品牌价值不高，投诉增多等。政府应在尊重市场规则的前提下，营造公平的市场环境，提供完善的公共服务，加强规范引导，促进产业健康、有序发展。根据一些地区的经验，要大力发展行业协会等中间组织，在规范竞争行为、建立行业标准、抵御经营风险、促进政企沟通等方面发挥其应有的作用。

第 9 章

# 湘西龙山县发展自发式农村电子商务的对策研究

"淘宝村"的自发式农村电子商务模式具有较强的可复制性，其先行经验值得其他地区借鉴。湘西自治州龙山县是国家级贫困县，也是课题组所在高校的定向扶贫地区，因此，趁着电商扶贫的东风，思考如何将先行地区的发展经验引入龙山县，不仅能发挥课题组的区位优势，也符合理论联系实际，从实践中来到实践中去的研究理念。

## 9.1 龙山县发展农村电子商务的基础条件分析

龙山县地处武陵山脉腹地的湘西北边陲，处于重庆黔江、湖北恩施和湖南张家界、吉首四个市州区的交界处，距省会长沙 530 千米，是湖南最偏远的县之一。龙山县总面积 3131 平方千米，全县辖 34 个乡镇（街道）、462 个村（社区）。龙山县是少数民族聚集区，总人口 59 万，土家族、苗族等 16 个少数民族人口占总人口的 71%。2018 年全县居民人均可支配收入 13641 元，比上年增长 10.7%。其中农村居民人均可支配收入 9412 元，增长 10.8%。

龙山县经济发展水平低下，总体经济实力较弱，资源利用效率偏低，产业结构不合理，缺乏主导产业支撑。近几年来，尽管龙山县的经济社会获得了较快发展，但因历史原因，基础较差，造成社会事业发展滞后。教育、医疗、卫生、社会保障等事业都有待进一步完善；教育水平落后，缺乏高素质人才，难以满足当地经济社会发展需要。

如何借助电子商务改善龙山县地区的贫困现状？下面将从基础设施、人力资源、自然资源、文化资源和特色产业五个方面来介绍龙山县的基本情况。

### 9.1.1 基础设施

交通是制约龙山县经济发展的最大瓶颈，由于地处偏远山区，交通基础设施建设速度缓慢。截至 2019 年上半年，龙山县仅有一条高速公路纵贯，且未通火车，需取道吉首或张家界才能接上铁路交通。规划中的黔张常铁路预计要 2020 年才能通车。从龙山到省会长沙约 530 千米路程，坐汽车至少需要 6 小时，火车至少需要 11 小时。与外界交通的不便大大制约了龙山电子商务的发展，相比之下，龙山县自身的公路交通建设则比较快速。据《龙山县 2018 年国民经济和社会发展统计公报》显示，2018 年年末公路通车里程 2554.3 千米。其中，国道 141.24 千米，省道 319.83 千米，县道 434.63 千米，乡道 975.23 千米，村级公路 683.38 千米，为解决电子商务的最后一千米配送问题打下了一定的基础。通信方面，2018 年，龙山县的邮电、电信、互联网接入、移动电话用户数量整体呈上升趋势。2018 年末互联网宽带接入用户 8.05 万户，增长 71.27%。移动电话用户 37.06 万户，增长 8.1%。

### 9.1.2 人力资源

龙山县是一个少数民族的聚居区，居住着土家、苗、回、壮、瑶等 16 个少数民族。全县管辖的乡镇 21 个（包括街道），2018 年末全县户籍总人口 60.64 万人，其中适龄劳动力有 36 万人，常年外出务工人员达 17 万人，其中建档立卡贫困劳动力人数达 8.2 万人。目前，龙山县的劳动力就业现状体现为：文化程度低、以第一产业为主、以从事自营产业为主的特点，另外，龙山县通过劳动力转移出去的人群返乡创业的比例约为 10%，这些返乡的创业者在第三产业的分布约为 20%，因此农村电商的发展可以依托这类返乡人群来建设。

根据《2018 年龙山县国民经济和社会发展统计公报》，年末全县有中等职业学校 4 所，全县共有在校学生（含幼儿）100057 人。其中，中等职校 3884 人，高中 8707 人，小学适龄儿童入学率 100%，高中阶段教育毛入学率 87.7%。龙山县在科技方面也取得了不错的效果，2018 年实施省级科技计划项目 10 项，县本级科技计划 21 项，累计申请专利 157 件，专利授权 45 件，实施专利和成果转化 8 项，这些促进科技发展的举措对于人才的吸引起着积极的作用。

### 9.1.3 自然资源

龙山县不仅拥有美丽的自然景观，还储藏着丰富的自然资源，著名的乌龙山大峡谷和太平山森林公园位于龙山境内，龙山也被称为"万宝山"。很多奇珍异兽栖息于此，据统计现有的野生动物达到100余种，包括锦鸡、金钱豹、水獭、银环蛇、山狐、黄鼠狼、獐、鹿、兔等具有很高的经济价值，可以用作药材、服装装饰等。全县森林覆盖面积高达62%，活立木蓄积3723039立方米，林地占县国土面积高达71%。龙山还储蓄着丰富的木材资源，银杏、水杉这些名贵树种和一些百年老树遍布各地。木材积蓄量高达180万立方米，50余万亩的经济林木如漆、茶、桐等。

龙山的矿产资源也十分丰富、种类繁多，县内矿口点多达百处，其中铜、锌、铁、锰、耐火黏土、石膏、煤等已发现的矿产十余种。"龙山式"的脉状锰矿具有以下特征：杂质低纯度高、分布广、埋藏浅层位稳定、易于开采。其他矿产资源：石英砂、页岩气、煤炭和紫砂陶等储量也极大，10亿吨以上的石煤矿地质储量、近亿吨的石英砂、500万吨以上的优质紫砂陶。

### 9.1.4 文化资源

龙山县作为土家族的发源地之一，拥有着深厚的历史文化底蕴，如土家织锦技术就列入了国家级非物质文化遗产，出土的里耶秦简被称为

"21 世纪以来最重大的考古发现"。由于历史文化的积淀，龙山也成为土家族文化的集中地，目前龙山拥有 6 个国家级非物质文化遗产，10 个省级项目，39 个州级项目，103 个县级项目，国家级非物质文化遗传传承人 5 人，省级 8 人、州级 20 人、县级 33 人，数量位居全州 8 县市之榜首。此外，龙山得天独厚的历史文化资源也为其赢得了很多美称，如"土家族原生态文化博物馆""中国土家织锦之乡""中国民间文化艺术之乡"等。

依照"保护就是发展，保护就是开发利用"的思路，县政府参照文化产业发展的相关政策，对土家族织锦生产性保护的方式和方法进行了积极的探索和引导，在原有技术的基础上不断地改进质量和品位，使之更符合市场需求，不断地拓宽了织锦的国内外市场，不仅大力地推动了织锦的传承和发展，还打造出惠及后代的文化产业。

### 9.1.5　特色产业

龙山县拥有丰富的农产品资源，被授予全国"金色油桐之乡""全国农牧渔业丰收奖""黑色金子林之乡"等一系列国家级荣誉称号。其主产的农作物是水稻、百合、柑橘、烤烟和红提等；当地特色土特产以百合、葛粉、魔芋、苗家腊肉、洗车河豆制品、土家背篓、土家织锦、比耳脐橙等；具有鲜明民族特色和独特传统手工艺制品、苗家绣品、紫砂陶器、蔬菜加工、中药加工最为著名。

目前，龙山县里耶柑橘、洗洛百合、大安天麻、召市大米、石羔猕猴桃、八面山反季节蔬菜、洗车河霉豆腐、苗儿滩土家织锦等一批特色产业渐成品牌。

## 9.2　龙山县发展农村电子商务的现状与难点

### 9.2.1　龙山县农村电子商务发展现状

近年来，龙山县积极探索"互联网＋农业"模式，加快农村电商发展，积极利用电商推进发展生产脱贫工程，不断取得成效。2018年被确定为全国电子商务进农村综合示范整体推进县。下面，本章将从电商资源条件、电商服务体系建设、电商扶贫政策情况、电商主体参与与平台入驻情况4个方面展开论述。

（1）电商资源条件

龙山县围绕"百合、柑橘、药材、野葛、织锦、佳肴"六大类重点产品，扶持了一批具有发展前景的农特产品种养大户和农副产品加工企业。

表9-1　龙山县电商资源条件统计

| 类型 | 数量（个） |
| --- | --- |
| 产业合作社 | 201 |
| 家庭牧场 | 81 |
| 省级示范合作社 | 6 |
| 州级示范合作社 | 5 |
| 省级龙头企业 | 5 |

| 类型 | 数量（个） |
|---|---|
| 州级龙头企业 | 7 |
| 进出口企业 | 2 |
| 电子商务经营户 | 281 |
| 注册农产品商标 | 44（省级著名商标5个，国家地理标志产品5个、绿色食品A级认证3个，湖南省著名商标农产品4件） |
| 发明专利 | 20余项（百合多糖、金玥香辣酱） |
| 中部消费者最喜爱的农产品品牌 | 1 |

数据来源：湖南省政府扶贫办。

### （2）电商服务体系建设情况

龙山县政府投入300多万元，新建了县级电商公共服务中心，涉及多种特色农副产品和乡村游进行电商品牌建设，推广"互联网＋农特产品＋乡村游"的电商模式，打造"一村一品"和"一县多品"具有市场竞争力的电商体系。趁着电商扶贫的东风，在建设电商扶贫团队、整合开发网销产品、打造电商扶贫专区、推进电商扶贫体系建设、加大电商扶贫立体宣传、推进"互联网＋旅游"新模式、落实电商扶贫专项培训等七个方面积极作为，推动了全县农村电子商务发展。目前引进3家知名的电子商务服务企业为服务中心入驻的企业提供技术指导以及人才培训。

大力推广"湖南电商扶贫小店"，以及湖湘贸e＋购物广场等电商平台，通过网销的方式扩大了农村市场的渠道和销量，实现了产品上行。通过苏宁易购、湘村购、湘西馆等电商平台，开设地方特色馆，通过电商平台的预售、众筹等模式进行"精准扶贫"。目前，村级电商服务站建设已完成130个，实现了贫困村全覆盖。2个州级电商服务站建设已完成。电商企业网上销售业绩可观，截至2018年11月，实现网上交易额2.85亿元。

此外，一些电商创业孵化园、创新创业就业示范基地也驻扎在龙山县，在园区内开设技术指导、网商专业培训、对产品和品牌推广等服务，这些措施极大地推动着龙山县电子商务的前进，为龙山县输出了一批专业的电子商务人才，促进了当地电子商务企业及特色网店的形成和发展。

（3）电商扶贫政策情况

将电子商务与扶贫工作相结合，县政府成立了龙山县电商扶贫工作领导小组，出台了《龙山县2017—2020年电商扶贫工作实施方案》《龙山县2017年电商扶贫工作实施方案》《龙山县电商扶贫奖补办法》等多个文件。

（4）电商主体参与及平台入驻情况

目前，龙山县的大部分农产品传统企业都转为线上线下相结合的应用电商企业，多家企业入驻了阿里、京东、淘宝、苏宁等大型平台，以及发展微商进行网上销售。通过线上线下多渠道相联动，拓宽了龙山农特产品的销售渠道。龙山县里耶镇引进"本来味道"电商平台，打通鲜果直销通道，消费者足不出户就可以品尝到里耶脐橙的"本来味道"。其他签约的电商平台还包括"湖南电商扶贫小店"以及"湖湘贸e+"等。

综合以上四个方面的论述，龙山县农村电商发展势头较好，步伐日益加快，大批的电商创业者纷纷涌入，各乡镇的电商服务站点如雨后春笋般出现，发展前景大有可期。

## 9.2.2 龙山县发展农村电子商务的难点

（1）基础设施不完善

龙山县80%的农民散居在大山深处，自然寨多、人口居住分散，一些基础设施如通信网络、电力、交通水利等，以及学校、卫生等公共服务设施相对滞后，生产生活成本往往高于城镇地区。此外，尽管龙山县农村电网建设和改造力度加大，农村电网有较大改善，但是由于基础差、底子薄，欠账较多，改造整体层次仍然较低，没有实现全覆盖。

二是交通物流建设落后，运输成本高。龙山县交通建设落后，在跨区域时交通运输成本高、运输时间长、运力不足等都会制约物品交换的能力和范围。在区域内部的运输上也存在通达度和密度不够，导致畅通性、便捷性、运输质量等都不能满足人员出行和货物运输的需求。从县内各村来看，"通而不畅"现象突出，仍有部分村级公路未硬化，部分行政村、自然寨未通公路，一些村民仍未摆脱肩挑背驮的历史，这些缺点都加大了农村的物流成本和难度。

（2）生产经营效益低

农村的经济收入主要包括生产收入、务工收入、补贴收入三个方面，龙山县农村人均收入仅相当于城镇居民人均可支配收入的2/5，城乡收入差距大。自给自足的"吃饭农业"占主导地位。由于偏远山区地块小，机械化水平相对低，锄头加耕牛还是主要生产工具，难以实现规模效应。且龙山县耕地面积少，仅占全县总面积 10.92%，70% 的耕地种粮食，半数以上农民基本上自给自足，只能解决家庭吃饭问题。此外，农村劳动力不足，务工人员素质不高。80% 以上的青壮年外出务工，农村"空心化"、农户"空巢化"、农民"老龄化"现象越来越突出。劳动人力及发展电商的人才不足，也成为阻碍龙山县电商发展的关键因素。

（3）群众自我发展能力差

一是文化素质偏低。受限于教育资源的不足，龙山县人民的教育水平低于全省的平均水平，高中阶段教育毛入学率仅为 87.7%（2018年），低于平均水平的人群导致农村电商人才的缺乏，需要从外地引进。除了教育水平，电子设备的学习门槛过高，也是导致农村电商推广困难的又一因素，部分人群不懂使用电脑或者不愿学习使用。据调查，龙山县农村贫困农户中，有 40% 的家庭最高文化程度在小学以下，平均文盲率高达 15%。由于贫困地区人口的科学文化素质低下，现有的科学技术在农村的应用效果大打折扣，推广成本高。

二是主观脱贫意识不强。部分贫困人口以评上贫困户为荣，过分依赖国家诸多惠农政策的实施和兑现，依赖思想依然严重，不愿主动学习生产技术、接受新生事物。在推进"互联网＋"的过程中，部分农民参与积极性不高，不愿学习新知识、新技能，比如外出务工返乡的农民工中有相当一部分仍然从事第一产业。

## 9.3 土家织锦能够成为龙山电子商务的主打产业的潜力分析

土家织锦，土家语称为"西兰卡普"，译为土花铺盖。它沿用自汉朝以来的古老腰织式斜织机，以棉纱为经，以五彩丝线或棉线为纬，是完全用手工织成的工艺品。土家织锦作为祭祀、婚嫁、重大节日的必备物品，是土家姑娘从小就要学习的技艺，"养女不织花，不如不养她"代表着土家族独特的民俗生活和文化价值取向。土家织锦的历史源远流长，最早可追溯至距今4000多年的巴人时代，高超的织锦技艺和精美的图案样式是土家族人智慧的结晶。土家织锦的图案样式源于生活，品种数量达120余种，可分为动物、植物、生活用具、风俗习惯、历史政治、受汉文化影响和启迪等题材，总体风格崇尚自然，追求幸福吉祥，彰显着土家族人的审美取向和美好寄托。

### 9.3.1 土家织锦产业发展现状

2006年5月20日，土家族织锦技艺经国务院批准列入第一批国家级非物质文化遗产名录，其独特价值开始受到社会各界的关注和重视，对土家织锦的生产性保护成为研究热点。这一历史性转折点为土家织锦产业的发展带来了机遇，土家织锦传承人、传习所和行业协会等顺势而生，但受当代文化和相关产业发展的影响，土家织锦产业化发展也充满挑战。

　　龙山县是"中国土家织锦之乡",洗车河流域为主要的生产基地,保留着传统的织造工艺。受非遗申报成功的影响,当地政府和手工艺人采取了一系列推动织锦产业市场化的行动,如今土家织锦产业已初具雏形,产品范畴从传统的被面盖裙延伸到服饰、装饰品等多个品种,集产供销于一体,提高了地方产出水平。龙山县响应政策号召,成立协会,制定地方标准,提供政策支持,通过传承人创办传习所,将有技术的织女集中起来,组织生产和销售,解决了个人生产规模小、销路难的问题,也有效地开拓了市场,展现了强大的发展动力和广阔的市场前景。作为土家织锦的代表性传承人,刘代娥致力于土家织锦的传承与发展,不仅收集整理了220种传统织锦图案样式,掌握了100多种传统图案的织造工艺,并于2010年创办了苗儿滩镇土家织锦技艺传习所,组织织工学习织锦技艺并开发古今结合的新图案、新产品,受到消费者喜爱。

　　由于土家织锦技艺的特殊性导致无法实现大规模机器化生产,而手工生产周期长、效率低下,织工无法依靠其取得稳定的收入来源,因而外出务工的人员越来越多,使织锦技艺逐渐丢失,产业化发展面临严峻挑战。根据龙山县政府关于土家织锦的报告,2006年全县有土家织锦艺人4034人,有织锦机3814台;2015年县内1226名织花人群中有658人外出打工,占54%,县内从事织花的162人中,专事织花的为46人,占28%,兼事织花的为116人,占72%。从事织花的土家族妇女年龄均在30岁以上,20岁以下的土家少女基本不会织花。此外,县里已有的7个"传习所+公司"性质的土家织锦企业,产业化程度不高,市场占有率低,无法实现规模化、现代化、集群化生产;产品品质、价格参差不齐,品种、图案等新颖度和实用度无法满足大众的消费需求;销售渠道以传统店铺摊点和代销为主，受众面狭小；政策尚未真正落到实处，资金支持力度不足。从现状来看，非遗的成功没有真正意义上改变传统土家织锦的传承危机，土家织锦的产业化发展任重而道远，机遇和挑战并存。

## 9.3.2　土家织锦产业的可扩散性评价

龙山县发展规划提出打造"一县一品"的特色产业来实现脱贫致富，而选择何种产业来推动龙山县自发式电子商务的发展成为问题的关键。目前，龙山县围绕六大类重点产品，扶持了一批具有发展前景的农特产品种养大户和农副产品加工企业。但相较于其他行业，农产品季节性集中涌入市场造成市场饱和，产品腐烂变质造成耗损率高，单位价值低，反季节生产、储藏成本高，农户的实际利润率不高；农产品的生产需要满足温度、水分、光照等自然条件，生产周期长，季节变化大，地区差异显著，难以实现标准化生产，"淮南为橘，淮北为枳"，农特产品的自然属性使得复制性发展容易出现"东施效颦"的结果；大规模生产对土地、人力、机械等资源提出了较高的要求，"天花板"低，无法形成规模效益。农特产品的产品特性、生产销售受到以上诸多因素的制约。有鉴于此，本书认为，龙山县发展自发式农村电商很难依托农产品行业来实现。

以前文提到的商业模式可扩散性的 VIVA 特征（价值性、可模仿性、可容纳性、优势性）指标来衡量，与农产品行业相比，土家织锦电商行业的商业模式可扩散性更强：

价值性。作为土家族符号的象征，土家织锦深深地打上了民族文化的烙印，织锦产业电商化发展有助于将文化资源转化为文化资本，提高产品的附加值。例如，故宫淘宝将一两元的普通胶带印上中国风的图案后售价20元左右，价格数十倍增长，而且话题度和网销量都很高。对龙山县而言，将织锦文化与文化产业相结合可以创造出"1＋1＞2"的效果，提高织锦产品的附加值。

可模仿性。土家织锦的织造历经了漫长的历史，生产工艺和技术水平逐步提高，传统工艺基础扎实。龙山县通过开办研习所、棉纺厂推动织锦的传承和保护，刘代娥土家织锦传习所、秋梅织锦、叶氏织锦等地方企业促进了土家织锦的产业化发展，现有织锦艺人1200多名。土家织锦作为一项投资小、形式灵活的民族手工业，对生产场所要求不高，一台织锦机价格仅需一千到几千元，织工可以在家加工。此外，"触网"门槛低，电商平台发展成熟，加上扶贫及电商进农村政策的东风，其复制扩散的难度小。

可容纳性。土家织锦成品经久耐用，产品覆盖面广，既可做纺织服装用品，也可以做工艺品；既可以与服装家纺业结合开发新图案、新面料的产品，也可以和旅游业对接开发纪念品、文创产品，将产业链多方延伸。土家织锦集日常使用与观赏收藏于一身，市场规模大，"天花板"高，同质竞争者利润空间大，有利于大规模、集约化发展，从而发挥辐射带动作用和形成产业聚集效应。参照博兴县湾头村的草柳编年销2亿元，长沙县湘绣年销5亿元的情况，龙山县土家织锦目前年销量仅3000万元，还有巨大的上升空间。

优势性。与农产品相比，织锦产品方便保存和物流运输，从而打破了龙山交通不便的劣势；文化产品的独特风格与内涵意义适合利用互联网渠道传播和销售，对接更广阔的市场；土家织锦具有特色的非遗文化基因，有利于打响品牌知名度；织锦技艺发展成熟，具有一定的产业基础。因此，龙山县自发式农村电子商务将产品定位为土家织锦这一优势产业，通过其独特的工艺和民族文化吸引消费者，进而推动织锦产业市场化，打造属于龙山县的"淘宝村""淘宝镇"。

## 9.4 促进龙山土家织锦电子商务产业自发式发展的总体思路

通过上文分析可知，龙山县通过发展土家织锦电商，不仅可以起到非遗传承保护作用，更重要的是可以以点带面解决当地农村经济发展和贫困问题。

### 9.4.1 龙山县自发式土家织锦电商发展的原则

（1）市场为主，政府引导

在发展织锦产业自发式农村电商的过程中，需要激发市场活力，充分调动农户、合作社、第三方组织、企业等市场主体的创业热情，充分挖掘土家织锦的市场价值，将主观能动性转变为经济效益，最后实现精准扶贫和脱贫致富。政府则要转变角色，做到不缺位、不越位，适时引导，提供服务，遵循市场规律，规范市场行为，为龙山县自发式土家织锦电商的发展提供最有利的条件。

（2）品质优先，适度开发

开展电商创业为解决就业和收入问题提供了很好的思路，但也会带来一些问题。织锦的手工生产过程复杂、产量低下，受经济利益的驱使，部分商家会以牺牲产品质量为代价来追求生产效率和竞争优势，造成了行业混乱的局面，影响了织锦在消费者心中的形象，无法实现产业化发展的初衷。因此，在对土家织锦进行商业化的过程中，不仅要充分调动创业主体的热情，还要保证产品的品质，避免低价竞争对土家织锦品牌造成的损害，在创新时不能丢弃土家织锦的特色和根本，保存并发扬土家优秀的传统文化和民风习俗，坚持保护性开发。

（3）以点带面，集群发展

龙山县在地理位置上较为偏远封闭，民风淳朴，村民的教育水平和文化素养不高，对新思想、新技能的接受程度不高，推进电商创业的发展需要个体的带动，激发群体动力。龙山县土家织锦的传统手工业主要在苗儿滩镇，个体创业的成功可能引发周围人的学习效仿，随着网店规模的扩大，基础设施和产业链不断完善，最终实现产业集聚。因此，促进织锦的自发式电商创业需要充分发挥带头人的作用，提供支持和鼓励政策，逐步扩散，全面发展。

## 9.4.2　龙山县自发式土家织锦电商发展的总体思路

结合当前的脱贫攻坚工作，在发展自发式农村电商过程中，需要引导有劳动能力的贫困群众参与贫困村"一村一品"产业推进行动，通过发展土家织锦电商支柱产业，打造地域品牌，将资源优势转变为就业途径和收入来源，实现造血式脱贫。

（1）以电子商务平台为基础。平台的运行实现了 C2B、B2B 之间的互动模式，无论是自己搭建平台还是利用主流平台，都是发展电子商务不可或缺的要素。龙山县的织锦电商化还处于起步阶段，搭建平台需要耗费大量的前期投入，最终还可能因为知名度和信任度不足达不到预期目的，因此与知名电商平台对接是发展初期最好的选择。苏宁、淘宝、天猫、京东等巨头平台拥有庞大的客户群，运营服务发展较为完善，通过这些平台开设网店解决了搭建新平台的技术和客源难题。利用平台的力量进行营销宣传，整合地方资源打造湘西特色馆，有助于形成地域标志，提高市场认可度。

（2）以规模化、品牌化建设为目标。通过加大土家织锦电商创业集聚，线下入驻企业与线上网店相结合，共用基础设施节约成本，实现资源优势互补和产业规模化。土家织锦的产业化已经历经了一段时期，但缺乏知名度高的品牌和龙头企业，市场占有率不高，而品牌价值对商品经济的重要性不言而喻，因此在对土家织锦进行电商创业的过程中，必须重视品牌的建设，依靠品牌提高产品的附加值，扩大土家织锦在手工业、纺织业中的市场份额，延长企业的生命周期。

（3）以多方合作为方向。依靠企业自身力量难以立足市场，必须加强与相关领域组织、机构、企业的合作，发挥强资源优势。与高校组织、科研机构建立合作，推进产品原料、工艺、设计创新和模式创新，产学研全面发展；与第三方服务机构、物流公司合作，优化公司运营，提高产品流通速度；与行业协会、专业委员会合作，加强专业人士之间的沟通交流，把握行业发展动向；与相关产业合作，如农业、旅游业等，提高原材料的种植质量和产出品的销量，实现互利共赢；与政府合作，享受优惠政策和资源支持，以解决就业问题和提高国内生产总值。

（4）以"互联网＋公司＋农户"为模式。电子商务的发展对传统产业的运营模式提出了新的要求，将互联网、公司和农户纳入一个整体中，充分利用互联网对接大市场的优势，改变农民在传统利益链中的被动地位，激发农民创业的自发性热情，并依托公司实施市场化运作。龙山县现有的研习所虽然发展势头良好，但其规模小、技术含量不高，需要对商业模式进行创新来开掘潜在价值。

## 9.5 土家织锦电商的种子商业模式创新

### 9.5.1 定位与价值主张创新

土家织锦所代表的民族文化、艺术价值和实用价值具有无可比拟的优越性，但目前对土家织锦的认知和了解只存在于一小部分群体中，市场份额狭小。在自发式的土家织锦电商创业中，需要清晰地传达企业的价值主张，深入了解消费者的诉求点，实现企业和消费者利益最大化。首先，"西兰卡普"作为手工艺类非物质文化遗产，具有地方性、民族性等特点，与旅游业联系紧密，在实践过程中，土家织锦已经被贴上了旅游元素的标签。单纯作为旅游产品无法获取更大的市场份额，因此在推行土家织锦产品时，要将民族元素融入日常生活用品中，延伸产业链，加强产品的实用性，实行品牌化经营。其次，实现与消费者的互利共赢，让顾客在消费织锦产品的同时参与非物质文化遗产的保护，让生产商获取经济收益的同时引发大众对土家织锦工艺的重视与传承，共同赢得生产者利益、消费者利益、社会利益。

表9-2　土家织锦受众对象和产品类型

| 受众对象 | 产品范畴 | | 爆款打造 | 价值主张 | 渠道 |
|---|---|---|---|---|---|
| 大众消费者 | 家纺类 | ①床品：床单、被套、枕套、床笠、床罩、床裙、多件套、床垫、盖毯、睡衣、睡袋<br>②靠垫饰品：抱枕、靠垫、坐垫、沙发垫<br>③洗舆餐饮品：面巾、浴巾、浴衣、浴帘、脚踏垫、围裙、抹布、桌布<br>④收纳装饰品：收纳箱、储物盒、首饰盒、布艺挂袋、储物袋<br>⑤其他：窗帘、门帘、地毯、布艺套 | ①多件套。作为家纺类的核心，以舒适、健康为主，品质要有保证<br>②抱枕靠垫：具有民族风情的装饰物，图案样式的特色符合消费者的求异心理 | 舒适、实用、美观 | 线上B2C、C2C和B2B平台 |
| | 服饰类 | ①服装：男装、女装、婴童装、鞋靴<br>②配饰：围巾、帽子、手套、发饰、袜子、鞋垫、包袋、饰物 | 围巾。民族特色的围巾、丝巾、披肩是旅游拍照必备，适合走薄利多销路线，注重图案的美观度 | 舒适、美观 | 线上C2C、B2C和B2B平台 |

| 受众对象 | 产品范畴 | 爆款打造 | 价值主张 | 渠道 |
|---|---|---|---|---|
| 旅游人群 | 以纪念品为主，包括：①文具类：书签、笔记本、笔袋、笔筒、书包；②饰物类：手链、项链、耳饰、发饰、布包、围巾；③装饰类：挂饰、桌面摆件、钥匙扣、冰箱贴；④布艺垫：杯垫、餐垫、隔热垫、鼠标垫 | 挂饰或摆件。小巧精美的挂饰或摆件便于携带，既可送人，也可自留，装饰手机、汽车、房间，美观实用 | 美观、实用 | O2O |
| 海外人士 | ①家纺服饰；②旅游纪念品；③装饰画；④土家形象公仔 | 装饰画。直接体现土家织锦的工艺和特色，以高档次、高品质为主 | 美观、精巧 | 跨境电商平台 |

　　可见，延伸土家织锦的功能属性，满足多元化群体的需求，是其扩大市场的必然要求。经过分析，土家织锦的受众对象可以定位为三类：①大众消费者。针对市场需求开发适用于日常使用的产品，如围巾、服装、床品等生活消费品。此类产品对材质要求比较高，讲求舒适和美观，传统的棉麻材质质地无法跟纯棉或丝绸制品相比，需要进行大胆的工艺创新，以满足大众化人群的需要。②旅游人群。少数民族特别是土家族相关旅游景点，景区纪念品、手工艺品等旅游消费品有广泛需求。此类产品的需求功能点主要侧重于其外观设计要美观实用，主要用于装饰和摆设用途。③海外人士。土家织锦的民族特色、艺术价值、实用性、时尚性为国外消费者所青睐，其需求功能点在于设计上的美观和工

艺上的精巧，适合发展跨境电商。针对不同层次的消费人群提供不同档次的织锦产品，将"接地气"和"高大上"结合起来，同时发展低端市场和高端市场，既满足大众的不同需求，也可接受定制化服务。

## 9.5.2 经营模式创新

从价值链层面而言，根据实际情况，龙山县织锦产业自发式电子商务可以采用"互联网＋公司＋农户"的模式，公司组织农户进行织锦技术培训，让他们在家按照公司的设计生产织锦产品，将符合市场需求的产品在网络上进行销售。通过模式创新改变价值链网络，对内根据电商化发展目标改变传统手工业的运作方式，对外与利益相关方形成合作共赢的网络结构。这里的公司，既可以是成规模的企业，也可以是以农户自己注册的网店，关键是通过网销带动生产和就业，农户通过创业掌握利润分配权和产品定价权。在进行产品创新及打造品牌时，以前者具有优势，而后者的优势在于机动灵活，成本较低，有利于扩大市场，抓住商机。

从渠道通路的角度而言，为破除交通不便的障碍，土家织锦更应倚重电商渠道，其渠道创新主要可以从以下两方面入手：一是国内国外，网络销售。国内的电商巨头淘宝、天猫、京东等平台聚集了大量的消费人群，网络自媒体、社交网站宣传营销能力日益强大，微商、众筹等新渠道不断涌现，通过整合和利用各种网络资源，打开土家织锦的知名度和销量。此外，土家织锦在海外市场有着良好的口碑和市场需求，传统的出口贸易也为土家织锦产品跨境发展打下了基础。出口海外市场不仅有利于开发和占有更广阔的市场份额,还可以避免日趋饱和的国内市场带来的竞争压力。二是线上线下,旅游融合。物质生活水平的提高使得精神需求不断提升,"互联网 + 旅游"正如火如荼地开展着。土家织锦的文化内涵与旅游业相得益彰,通过线上旅游网站文字、图片、视频的介绍,以及旅游攻略、推荐等口碑宣传,打开知名度,激励消费者体验土家文化,将各种土家织锦产品链接到旅游网站,增加产品流量;线下在旅游景区开设纪念品店、特色产品店,在自然资源与文化资源融合的氛围下,消费者乐意购买价格较高的特色文化产品和纪念品,通过扫描二维码,既可以进行线上浏览下单,也可以及时进行移动支付,并可提供快递服务,避免加重旅行负担。在保证产品品质的前提下,线上线下实现良性互动,相互促进,循环发展。

从合作伙伴的角色层面而言,织锦电商企业可能需要的合作伙伴包括:电商平台,包括 B2C/C2C/B2B 及跨境电商平台;快递公司,提供第三方物流服务;原材料供应商,主要是面料或纱线提供商(如图 9 - 1)。此模式可称为 1.0 版。该模式实际包含了三种子模式:第一种是由规模生产企业负责生产和销售,然后向大量农户(生产商)采购的代工模式;第二种是由规模生产企业负责生产,由大量农户(销售商)为主负责销售的代销模式;第三种是由农户自行生产自行销售的自有品牌模式。此三种子模式的共同特点是"互联网 + 农户 + 公司"。在 1.0 版模式中,外围合作方还可以包括:产品设计和研发合作机构,比如研究机构、公司或高校等;电商代运营企业,帮助生产或销售企业进行电商运营,提高销售水平和业绩;旅游景点及其销售商;其他产业链上下游合作企业。在产业发展成熟阶段,实现规模集聚之后,随着分工的细

化，这些外围合作方可能转变为产业链内部企业，成为商业模式的相关
利益者。此阶段的商业模式可称为2.0版本。

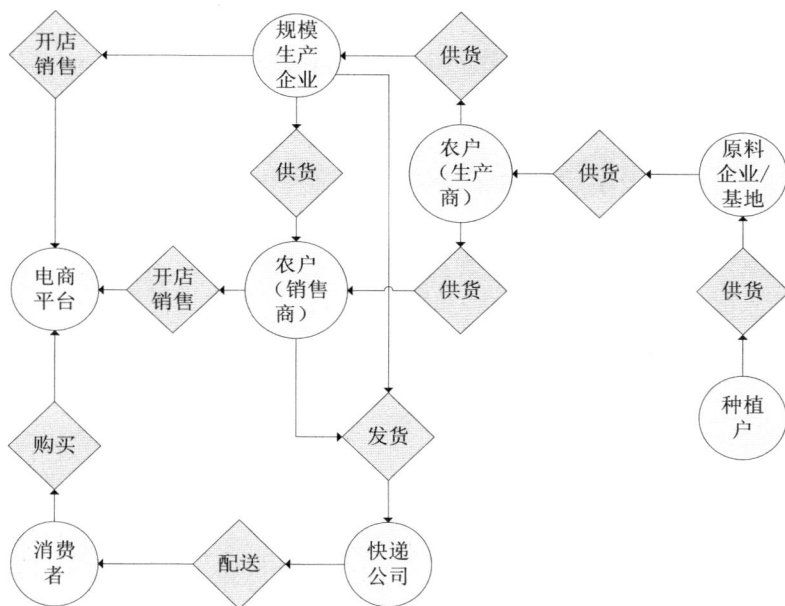

**图9-1  土家织锦的种子商业模式①**

## 9.5.3  盈利模式创新

盈利模式的创新能够给企业提供更多元化的收益来源。土家织锦的
盈利模式创新可以尝试从以下三个方面展开。

第一，除了传统的线下渠道之外，要大力加强线上电商渠道，以及

---

① 图中，农户（销售商）、农户（生产商）既可以是不同主体，也可以由同一主体承
担两种角色。

通过旅游来发展的 O2O 渠道销售产品。线上渠道除了 B2C/C2C/B2B 等传统渠道之外，还可以引入加盟、代理等，扩大销售网络。

第二，与旅游相结合，与张家界、凤凰、龙山及其他湘西地区旅游景点合作，提供 O2O 产品体验及销售，即线下体验，线上购买。

第三，可以通过开发和创新生产工艺，将技术复杂的纺织方式"傻瓜化"，借鉴十字绣和数字油画的特点，使触不可及的土家织锦成为普通群众可以 DIY 的产品。

## 9.6  土家织锦电商产业的赋权与激活

龙山县的电商种子商业模式创新成功之后，要实现种子商业模式的裂变扩散，则需要对创业主体进行赋权与激活。

### 9.6.1  赋权

互联网的出现，能够通过数字赋权来缩小城乡数字鸿沟，自发式农村电子商务的发展更需要以互联网为基础，为农户提供充分的资源赋权、结构赋权和心理赋权。具体可以从基础设施建设、加强培训宣传、提供示范三方面来实施。

（1）加强网络基础设施建设。扩大农村地区光纤宽带覆盖范围，统筹提高城乡宽带网络普及水平和接入能力。引导和督促基础电信企业以满足经济社会发展和用户需求为目的，推出有针对性、差异化的举措，简化电信资费结构，降低网络资费水平，提升服务性价比。持续优化4G网络覆盖广度和深度，提升4G用户覆盖率，加快5G商用步伐。

（2）加大培训和宣传力度。网络的应用能力最终决定了数字赋权的效果，因此要加大农村电商的宣传力度，加强信息化培训，尤其是电商平台应用和创业培训。县财政应拿出专项资金，依托相关电商企业、职业院校为农户、创业者、手工艺人及公职人员提供各种形式的培训。

（3）提供示范。挖掘和培育三类示范主体：创业带头人、明星工匠和网红。首先是创业带头人，总结其先进事迹，进行多方面的宣传和报道，鼓励其为后来者提供讲座和培训，传授创业经验。其次是明星工匠，促进土家织锦的工艺创新和传承。最后是网红明星，通过网红明星的粉丝效应促进土家织锦文化的传播，进而带动销售。

## 9.6.2 激活

自发式农村电子商务的优点在于，其因内生自发而具有更强的生命力和持续性，但这并不意味着每个地区都能够自然形成。各地的实际条件不同造成了其发展速度的不同，但可以通过政府的主动作为，帮助其扫除其形成过程中的障碍。尤其需要通过利益相关者的共同努力，消除和克服影响农民创业动力形成的各种制约因素，使农民旺盛的需求转变为潜在动力，使强烈的潜在动力转化为现实的创业行动，激发创业者的主观能动性。此过程我们称之为激活，主要包括心理激活、机制激活和品牌激活三个方面。

（1）心理激活

文化是影响一个地方人类行为的根深蒂固的基因。自发式农村电商的发展依靠底层农民自身的创业而形成，首先需要对当地阻碍创业的文化进行有效干预和改造，此过程我们称之为心理激活。正如扶贫一样，这也是一个扶志和扶智的过程。根据我们的调查，需要针对以下三个方面进行改造。

安于贫困。在扶贫工作过程中，各地发现很多贫困户并不是没有劳动能力，而是没有脱贫的动力，安于贫困，甚至形成了"等靠要"的依赖思想。要改变这种现状，光靠口头的说教是难以实现的，更需要由外而内的影响。要加强城乡互动，促进农民与外界尤其是发达地区的交流，开阔眼界，扩大其社会网络联系，潜移默化地影响村民对财富的认知。也要树立典型，开展示范，让一部分人先富起来，并强化其领头羊的作用，激发村民的致富动力。

惧怕风险。惧怕风险是农民创业意愿低的主要原因之一，诸如销售风险、资金风险等。因此，帮助创业者降低风险也是激发其创业热情的重要手段。可以从两方面着手，第一是降低创业成本。风险也是一种成本，如果能够把创业成本大幅降低，那么即使存在风险，甚至于创业失败，也不会造成太大损失。土家织锦电商创业者的创业成本主要包括生产设备购置、厂房、原材料采购、网店运营、人力成本等。借鉴"淘宝村"的做法，农户利用自家的场地和劳动力经营，其主要创业成本来自生产设备尤其是织锦机的购置，另外是网店运营方面的知识学习成本，因而一方面可以通过政府补贴或贴息贷款方式鼓励农民购置织锦机，或者采取以租代买的方式降低其购置门槛，另一方面要加大网店运营培训力度。第二是降低经营风险，对于滞销风险，正如本章种子商业模式创新中所提出的，风险承受能力比较低的农户可以采取单一角色的商业模式，或者为规模企业提供销售，自己不进行生产，从而没有生产成本。或者仅为规模企业供货，自己只负责接单生产，不负责销售，由规模企业包销，因而比较机动灵活。另外，在资金方面，贴息贷款是比较好的降低风险的方式。

缺乏能力。农民尤其是贫困户，由于长期以来的贫困导致其严重缺乏自我效能感。欲激发其创业意愿，首先要增强其创业能力，培养创业技能。在人才积累上，不仅要争取更多的打工者和大学生返乡创业，也要重视通过培训和学习来实现内生发展；在培训内容上，不仅要重视培训方法，也要重视培训视野和观念；在培训对象上，不仅要培训普通农民，更要重视培训有一定文化基础的中青年农民，争取培训一人，带动一家；在培训形式上，不仅要利用线下的定期培训，也要充分利用网络课堂提供灵活的自主学习方式，还可以借助扶贫工程的力量，实施电商创业的一对一帮扶。

（2）机制激活

自发式农村电商创业依赖包容、开放的市场环境，要通过制度创新、管理创新和商业模式创新释放市场活力，激发农民内生的脱贫驱动力，挖掘农村地区埋藏的价值潜力，从而实现"四两拨千斤"的效果。这要求我们要完善市场机制，充分发挥市场机制在配置资源中的作用，让资本、人才、土地等要素实现自由流动，最重要的就是降低交易成本和创业成本。

首先，要降低电子商务交易成本，这是市场机制发挥作用的前提。

要从交易前、交易中和交易后的全过程着眼来降低电商交易成本，打通交易的各个环节。建议应将通信网络和宽带网络建设作为龙山电子商务的首要工作来抓，降低网络和通信资费，积极推动网上银行、移动支付等新型支付方式的普及应用。还要着力打造和完善县、乡、村三级物流体系，要允许和引导民间资本的进入。比如在物流方面，可以充分利用阿里和京东等电商企业布局农村的机遇，并有目的地引导邮政、供销社以及快递公司等参与农村尤其是地区物流体系的建设，有条件的地区可以建村级服务站，条件差的地区可以先建乡级或县级服务中心。一些地方的经验是，网销的发展可以带动快递业的发展，因为当快递需求大了之后，快递公司会主动增加网点数量——市场的力量自发解决了物流问题。可见，降低交易成本，让资源流动起来，关键是要先通网络。

其次，要帮助创业者降低创业成本。龙山县电子商务创业中，人才留不住也进不来，资金严重缺乏是创业成本高的主要原因。这就要求各级政府在税收、土地、户籍、子女入学等一系列政策和服务方面，不仅要完善和优化，还要主动出击，积极培育新农人组织，鼓励和扶持此类企业的发展。与此同时，也要注重提升本地的人力资本价值，解决本地人才培养问题，要积极引导大学生和农民工返乡创业，寻找和培育电商创业带头人，积极壮大新农人组织，加强电商培训。在解决创业资金问题上，除了传统的低息或贴息贷款政策之外，建议充分重视互联网金融的作用，特别是利用阿里、京东、腾讯等平台基于大数据所形成的信用评价优势，开展互联网金融创新的探索。

（3）品牌激活

土家织锦虽然在湘西家喻户晓，在湖南湖北也小有名气，但在其他地区则不然，甚至不如湘绣的知名度高，大大影响了其市场接受度。其原因表面上是在于宣传力度不够，深层的原因一个在于其固守传统的工艺，在实用性和美观度方面没有迎合大众化的需求，另一个原因是没有形成合力，将土家织锦作为一个区域性的品牌来打造，仅靠少数几家本土企业勉强维持。因此，当前应从这两方面入手，对土家织锦品牌实施激活。

首先，迎合大众化需求，对土家织锦进行品牌重新定位。传统土家织锦以真丝和棉线为原料，成本高，不易清洗，很快被易于生产和便宜的现代印花被单，特别是易拆易洗的被套全面替代。土家织锦从乡村走向城市，从日常生活走进博物馆、展览馆和舞台，不断被精品化、艺术化、遗产化，逐渐与人们的日常生活相疏离，市场需求日益萎缩（李然，2017）。因此，织锦产业必须与时代相结合，贴近人们的日常生活，才能重获新生。具体可以采取如下措施：一是与专业美术院校、设计师合作进行土家织锦传统图案的创新工作，使土家织锦的图案样式符合当代人的审美，将土家织锦的民族特色与现代流行的时尚元素相结合，在继承土家织锦非遗文化内涵的基础上，赋予土家织锦时代活力和新的特色。二是使用数字化手段，通过系统软件打印织造图纸，节约手工画图案所花费的时间，根据构图需求调整图纸色彩和比例，简化手工生产的复杂过程，提高生产效率。三是进行产品研发，将产品线从工艺品、装饰品延伸至生活日用品，模仿十字绣的生产模式，打包织线、图纸、辅助工具等，使消费者既享受 DIY 的乐趣，又享受完成品的实用性。四是进行充分的市场调研，深入消费者，调查消费者的喜好、心理和需求，运用社交媒体与消费者进行互动，让消费者参与到产品研发过程，通过分享、反馈乃至合作，往往能产生出更复杂的用户价值，双向互动协作产生各种形态的符合市场需求的创新产品。

其次，形成合力，将土家织锦作为区域性品牌进行打造。第一，挖掘品牌价值。既要拓展其价值主张，提升产品的审美价值、实用价值和文化价值，又要强化产品质量，提升产品口碑，可持续发展。第二，丰富品牌内涵，从历史文化、社会、旅游、技术等各个角度，充分搜集史料和理论成果，挖掘土家织锦的文化内涵，讲好土家织锦背后的故事。第三，多元化品牌表达。将品牌及其故事外化，以多种形式、多种媒体进行表达，比如设计成图案并复制到织锦之上，编纂成书，拍成视频、电视剧、电影及纪录片。第四，丰富传播渠道。既要充分利用电视、报纸、户外媒体、展会等传统渠道，更要发挥网络渠道和旅游渠道的作用，比如抖音、小红书、微博等新媒体，通过打造织锦艺人网红、销售网红等群体，带动品牌的销售，扩大品牌影响。第五，加强品牌管理。政府既要发挥资源、财政、组织上的优势，当好引领者，使市场的参与者在这个过程中有效地扮演好各自的角色，又要能够担当管理者的角色，建立健全相关制度，包括涉及品牌使用方面的管理规则、产品的生产标准、质量监管，以及市场体系、信用体系，使农业、工商、商务、质监等部门达成共识，齐抓共管，形成合力，为品牌的创建营造一个良好的环境。

# 第 10 章

# 结论与展望

## 10.1　结论

以"淘宝村"为代表的中国自发式农村电子商务方兴未艾。"淘宝村"以不到 10 年的时间走过了传统产业需要几十年乃至上百年才能完成的演进过程。其由市场主导、草根创业、自发产生、裂变式发展的鲜明特点，具有强大的生命力和持久力。不仅意味着商业模式的创新和生产关系的变革，也是我国农村经济发展方式的一种新探索，为乡村振兴提供了新的思路。同时，也为世界其他国家地区的包容性发展提供了参考样本。本书从微观的商业模式视角切入这一充满时代气息的课题，利用规范研究、定量实证研究、定性案例研究等多种研究方法，探索"淘宝村"产业形成与发展的商业模式机理，获得了很多宝贵的发现。

"淘宝村"之所以具有旺盛的生命力，源于其自发式农村电子商务的自组织性、变异彻底性和弱路径依赖性，其实质是通过农户电子商务创业,以"点"(商业模式)的创新及裂变复制带动"面"(区域产业)的发展所引发的生产关系的变革。

"淘宝村"商业模式的共同特点是"互联网 + 农户 + 公司",并有16类衍生模式。每个"淘宝村"都有自己的种子商业模式,都由种子商业模式扩散形成。种子商业模式的典型特点是其具有很强的可扩散性,并以四个特性来衡量:价值性、可模仿性、可容纳性和优势性(即 VIVA 特性),VIVA 特性是理解"淘宝村"商业模式扩散的钥匙。种子商业模式的产生及其复制扩散是"淘宝村"产业集聚进而形成"淘宝村"的两个关键环节,互联网使能为种子商业模式的产生提供了必要条件,也间接促进了商业模式的复制和扩散。BOP 群体(农户)的创业学习行为直接引发了种子商业模式的产生和商业模式的复制扩散。以商业模式可扩散性为指标聚类形成了四类"淘宝村":规模加工型、封闭发展型、局限发展型和寄生发展型。此四类"淘宝村"具有不同的扩散和产业发展规律,其中以规模加工型(以湾头村的草柳编为代表)最有发展前景,最具推广价值。

将"淘宝村"的宝贵经验应用到湘西龙山县的电子商务发展之中。经过摸底,运用种子商业模式的 VIVA 特性对现有优势产业进行筛选,最后选择土家织锦作为其自发式农村电商发展的主打产业,并以此设计出种子商业模式,分别在价值主张、经营模式、盈利模式和关键资源能力等方面进行了创新,提出了以规模生产企业、农户(销售商)和农户(生产商)为核心组成的织锦电商生态系统。进一步,提出通过促进数字赋权来加速商业模式的扩散,并通过心理激活、机制激活和品牌激活为商业模式扩散提供条件。

## 10.2　研究展望

"淘宝村"是一个宏大的社会经济实验场。对"淘宝村"的研究跟"淘宝村"的实践一样，处于快速发展期，商业模式为其提供了一个新的视角和有力工具。本书的研究只是一个开始，后续的研究既可以沿着商业模式的视角进行进一步深化，也可以从其他视角进行探索。沿着商业模式的视角，还可以探索"淘宝村"商业生态系统的演化过程和机理及其与产业的关系。而其他视角的研究也可以从社会学、经济地理学、产业经济学等学科展开，未来期待会有更多的多学科交叉的研究。

在自发式农村电商的发展过程中，尽管其以自底向上、市场主导为特征，但政府的作用始终是存在的。随着电子商务对农村经济的促进作用日益受到重视，越来越多的地方政府正在主动出击，介入产业发展。实践中涌现出了以市场为主导、以政府为主导和双边共同治理的三种治理模式，而电商平台日益强大的力量也使得其越来越成为农村电商发展中的一个重要治理角色，应该进入研究视野。

"淘宝村"是时代的产物，得益于淘宝平台的兴起，虽然随着淘宝竞争的日益加剧，"淘宝村"的发展可能不会像当初那样容易，但电子商务的发展趋势是不可阻挡的，一些地方开始兴起的微商村、直播村就是佐证。因此，农村电商依然是一个值得我们持续关注的领域。

# 参考文献

[1] Achtenhagen L, Melin L, Naldi L. Dynamics of business models – strategizing, critical capabilities and activities for sustained value creation [J]. Long range planning, 2013, 46 (6): 427 –442.

[2] Amit R, Zott C. Value Creation in E – Business [J]. Strategic Management Journal, 2001, 22 (6 – 7): 493 –520.

[3] Amit R, Zott C. Creating value through business model innovation [J]. MIT Sloan Management Review, 2012, 53 (3), 40 –49.

[4] Anderson J. and Markides C. Strategic innovation at the base of the pyramid [J]. MIT Sloan Management Review, 2007, 49 (1): 83 – 88.

[5] Barney J. Firm Resources and Competitive Advantage [J]. Journal of Management, 1991, 17 (1): 99 – 120.

[6] Bashir M, Verma R. Business model innovation: past, present, and the future [J]. Prabandhan: Indian Journal of Management, 2016, 9 (1): 8 – 20.

[7] Bashir M, Verma R. Internal factors & consequences of business

model innovation ［J］. Management Decision, 2019, 57 (1): 262 - 290.

［8］ Becker M C. Organizational routines: a review of the literature ［J］. Industrial & Corporate Change, 2004, 13 (4): 643 - 678.

［9］ Bodini A, Zanoli R. Competitive factors of the agro - food e - commerce ［J］. Journal of Food Products Marketing, 2011, 17 (2 - 3): 241 - 260.

［10］ Bradach, J. Using the Plural from in the Management of Restaurant Chains ［J］. Administrative Science Quarterly, 1997, 42 (2): 276 - 303.

［11］ Capaldo A. Network Structure and Innovation: The Leveraging of a Dual Network as a Distinctive Relational Capability ［J］. Strategic Management Journal, 2007, 28 (6): 585 - 608.

［12］ Carayannis E G, Sindakis S, Walter C. Business model innovation as lever of organizational sustainability ［J］. The Journal of Technology Transfer, 2015, 40 (1): 85 - 104.

［13］ Carpio C E, Isengildina - Massa O, Lamie R D, et al. Does e - commerce help agricultural markets? The case of MarketMaker ［J］. Choices, 2013, 28 (4): 1 - 7.

［14］ Casadesus - Masanell R, Ricart J E. From strategy to business models and onto tactics ［J］. Long range planning, 2010, 43 (2 - 3): 195 - 215.

［15］ Chesbrough H, Rosenbloom R S. The role of the business model in capturing value from innovation: evidence from Xerox Corporation's technology spin - off companies ［J］. Industrial and corporate change, 2002, 11

（3）：529－555.

［16］Chuang M Y, Chen C J, Lin M J. The Impact of Social Capital on Competitive Advantage ［J］. Management Decision, 2016, 54 （6）：1443－1463.

［17］Daniel Birke. Who you are or whom you know? Consumption interdependences in social networks ［J］. Economics of Innovation & New Technology, 2013, 22 （3）：281－299.

［18］Dmitriev V, Simmons G, Truong Y, et al. An exploration of business model development in the commercialization of technology innovations ［J］. R&D Management, 2014, 44 （3）：306－321.

［19］Doligalski T. Strategies of value proposition on the Internet ［J］. Perspectives of Innovations, Economics and Business, 2010, 5 （2）：17－19.

［20］Eisenhardt K M. Building theories from case study research ［J］. Academy of management review, 1989, 14 （4）：532－550.

［21］Entrialgo M, Fernandez E, Vázquez C J. Psychological characteristics and process：the role of entrepreneurship in Spanish SMEs ［J］. European Journal of Innovation Management, 2000, 3 （3）：137－149.

［22］Fei H T. Peasantry and Gentry：An Interpretation of Chinese Social Structure and Its Changes ［J］. American Journal of Sociology, 1946, 52 （1）：11－17.

［23］Fortner M L. Entrepreneurs and Their Social Networks Motivations, Expectations and Outcomes ［D］. ［S. L. ］：The George Washington University, 2006.

［24］ Foss N J, Saebi T. Fifteen years of research on business model innovation: how far have we come, and where should we go? ［J］. Journal of Management, 2017, 43 （1）: 200 – 227.

［25］ Fraser S, Wresch W. National Competitive Advantage in E – Commerce Efforts: A Report from Five Caribbean Nations ［J］. Perspectives on Global Development & Technology, 2005, 4 （1）: 27 – 44.

［26］ Fritz, Melanie & Hausen, Tobias, Trust and Control Dynamics in Agrifood Supply Networks: Communication Strategies for Electronic Transaction Environments ［R］. 2006 Annual Meeting, August 12 – 18, 2006, Queensland, Australia 25509, IAA.

［27］ Giddens A. The constitution of society ［M］. Berkeley, CA: University of California Press, 1984.

［28］ Giesen E, Berman S J, Bell R, et al. Three ways to successfully innovate your business model ［J］. Strategy & leadership, 2007, 35 （6）: 27 – 33.

［29］ Goyal S, Sergi B S, Jaiswal M P. Understanding the challenges and strategic actions of social entrepreneurship at base of the pyramid ［J］. Management Decision, 2016, 54 （2）: 418 – 440.

［30］ Hofstede G. What is culture? A reply to Baskerville ［J］. Accounting, Organizations and Society, 2003, 28 （7 – 8）: 811 – 813.

［31］ Hsu P F, Ray S, Li – Hsieh Y Y. Examining cloud computing adoption intention, pricing mechanism, and deployment model ［J］. International Journal of Information Management, 2014, 34 （4）: 474 – 488.

[32] IBM. Expanding the innovation horizon: the global CEO survey [EB/OL]. [2006 - 10 - 20]. www - 935. ibm. com/services/us/gbs/bus/pdf/ceostudy. pdf.

[33] Itami H, Nishino K. Killing two birds with one stone: profit for now and learning for the future [J]. Long Range Planning, 2010, 43 (2 - 3): 364 - 369.

[34] Jaakko Aspara, Joel Hietanen, Henrikki Tikkannen. Business Model Innovation vs. Replication: Financial Performance Implication of Strategic Emphases [J]. Journal of Strategic, 2009 (9): 1 - 40.

[35] Jack S, Dodd S D, Anderson A R. Change and the Development of Entrepreneurial Networks Over Time: A Processual Perspective [J]. Entrepreneurship & Regional Development, 2008, 20 (2): 125 - 159.

[36] Johnson M W, Christensen C M, Kagermann H. Reinventing your business model [J]. Harvard business review, 2008, 86 (12): 57 - 68.

[37] Koellinger P. The relationship between technology, innovation, and firm performance—Empirical evidence from e - business in Europe [J]. Research policy, 2008, 37 (8): 1317 - 1328.

[38] Kranich P, Wald A. Does model consistency in business model innovation matter? A contingency - based approach [J]. Creativity and Innovation Management, 2018, 27 (2): 209 - 220.

[39] Kshetri N. Barriers to e - commerce and competitive business models in developing countries: A case study [J]. Electronic Commerce Research and Applications, 2008, 6 (4): 443 - 452.

［40］ Leong C M L, Pan S L, Newell S, et al. The Emergence of Self – Organizing E – Commerce Ecosystems in Remote Villages of China：A Tale of Digital Empowerment for Rural Development ［J］. Mis Quarterly, 2016, 40（2）：475 –484.

［41］ Liao J, Welsch H. Roles of Social Capital in Venture Creation：Key Dimensions and Research Implications ［J］. Journal of Small Business Management, 2005, 43（4）：345 –362.

［42］ Ling C L M, Pan S L, Ractham P, et al. ICT – Enabled Community Empowerment in Crisis Response：Social Media in Thailand Flooding 2011. Journal of the Association for Information Systems, 2015, 16（3）：174 –212.

［43］ Luo Y, Huang Y, Wang S L. Guanxi and organizational performance：A meta – analysis ［J］. Management and Organization Review, 2012, 8（1）：139 –172.

［44］ Lynch C. Big data：How do your data grow? ［J］. Nature, 2008, 455（7209）：28.

［45］ Matzler K, Bailom F, Friedrich von den Eichen S, et al. Business model innovation：coffee triumphs for Nespresso ［J］. Journal of Business Strategy, 2013, 34（2）：30 –37.

［46］ Miller K, McAdam M, McAdam R. The changing university business model：a stakeholder perspective ［J］. R&D Management, 2014, 44（3）：265 –287.

［47］ Minniti M, Bygrave W. A dynamic model of entrepreneurial learning [J]. Entrepreneurship theory and practice, 2001, 25 (3): 5 – 16.

[48] Mitchell D, Coles C. The Ultimate Competitive Advantage of Continuing Business Model Innovation [J]. Journal of Business Strategy, 2003, 24 (5): 15 – 21.

[49] Mitchell J C. The Concept and Use of Social Networks [M]. Social Network in Urban Situations. Manchester, UK: Manchester Univ Press, 1969.

[50] Murray J Y, Gao G Y, Kotabe M. Market Orientation and Performance of Export Ventures: the Process Through Marketing Capabilities and Competitive Advantages [J]. Journal of the Academy of Marketing Science, 2011, 39 (2): 252 – 269.

[51] Nahapie J, Ghoshal S. Social Capital, Intellectual Capital and the Organizational Advantage [J]. Academy of Management Review, 1998, 23 (2): 242 – 266.

[52] Nelson R., Sidney G. An evolutionary theory of economic change [M]. Harvard university press, 2009.

[53] Nonaka I, Takeuchi H. The knowledge – creating company [J]. Harvard business review, 2007, 85 (7/8): 162.

[54] Okpara J O. Factors constraining the growth and survival of SMEs in Nigeria: Implications for poverty alleviation [J]. Management Research Review, 2011, 34 (2): 156 – 171.

[55] Osterwalde A, Pigneur Y. Designing Business Models and Similar Strategic Objects: the Contribution of IS [J]. Journal of the Association for

Information Systems, 2013, 14 (5): 237 –244.

[56] Osterwalder A, Pigneur Y, Tucci C L. Clarifying business models: Origins, present, and future of the concept [J] . Communications of the association for Information Systems, 2005, 16 (1): 1.

[57] Osterwalder A. Understanding ICT – based business models in developing countries [J] . International Journal of Information Technology and Management, 2004, 3 (2 –4): 333 –348.

[58] Pablo Sánchez P, Rican J E. Business model innovation and sources of value creation in low – income markets [J] . European Management Review, 2010, 7 (3): 138 –154.

[59] Prahalad C K. The fortune at the bottom of the pyramid, revised and updated 5th anniversary edition: Eradicating poverty through profits [M] . FT Press, 2009.

[60] Rogerio C, Fabio G, Gilnei M. Innovation Networks: From Technological Development to Business Model Reconfiguration [J] . Technovation, 2007, 27 (8): 426 –432.

[61] Samuelsson M, Davidsson P. Does venture opportunity variation matter? Investigating systematic process differences between innovative and imitative new ventures [J] . Small Business Economics, 2009, 33 (2): 229 –255.

[62] Sinkovics N, Sinkovics R R, Mo Y. The role of social value creation in business model formulation at the bottom of the pyramid – Implications for MNEs? [J] . International Business Review, 2014, 23 (4): 692 –707.

［63］Slater S F, Olson E M, Finnegan C. Business strategy, marketing organization culture, and performance ［J］. Marketing letters, 2011, 22 (3): 227 –242.

［64］Sosna M, Trevinyo – Rodríguez R N, Velamuri S R. Business Model Innovation through Trial – and – Error Learning : The Naturhouse Case ［J］. Long Range Planning, 2010, 43 (2): 383 –407.

［65］Spence R, Smith M L. ICT, development, and poverty reduction: Five emerging stories ［J］. Information Technologies & International Development, 2010, 6: 11 – 17.

［66］Spieth P, Schneckenberg D, Ricart J E. Business model innovation – state of the art and future challenges for the field ［J］. R&d Management, 2014, 44 (3): 237 –247.

［67］Suarez F F, Lanzolla G. The Role of Environmental Dynamics in Building a First Mover Advantage Theory ［J］. Academy of Management Review, 2007, 32 (2): 377 –392.

［68］Teece D J. Business models, business strategy and innovation ［J］. Long range planning, 2010, 43 (2 –3): 172 –194.

［69］Thatcher S M B, Foster W, Zhu L. B2B e – commerce adoption decisions in Taiwan: The interaction of cultural and other institutional factors ［J］. Electronic Commerce Research & Applications, 2007, 5 (2): 92 –104.

［70］Thomas P. Communication and the persistence of poverty: The need for a return to basics ［J］. Communication for development and social change, 2008: 31.

［71］ Utsch A, Rauch A. Innovativeness and initiative as mediators between achievement orientation and venture performance ［J］. European journal of work and organizational psychology, 2000, 9 (1): 45 – 62.

［72］ Wan L. The Creation of Supply Network: The Case of a Taobao Village ［J］. Exeter: University of Exeter, 2015.

［73］ Yin R K. Case study research and applications: Design and methods ［M］. Sage publications, 2017.

［74］ Zaheer A, Bell G G. Benefiting from Network Position: Firm Capabilities, Structural Holes, and Performance ［J］. Strategic Management Journal, 2005 (9): 809 – 825.

［75］ Zott C, Amit R, Massa L. The business model: recent developments and future research ［J］. Journal of management, 2011, 37 (4): 1019 – 1042.

［76］ Zott C, Amit R. Business Model Design and the Performance of Entrepreneurial Firms ［J］. Organization Science, 2007, 18 (2): 181 – 199.

［77］ Zott C, Amit R. Business model design: an activity system perspective ［J］. Long range planning, 2010, 43 (2 – 3): 216 – 226.

［78］ Zott C, Amit R. The fit between product market strategy and business model: Implications for firm performance. ［J］. Strategic Management Journal, 2008, 29 (1): 1 – 26.

［79］ 阿里研究院. 中国淘宝村研究报告 (2014) ［R］. 北京: 阿里研究院. 2015.

［80］ 阿里研究院. 中国淘宝村研究报告 (2015) ［R］. 北京: 阿

里研究院. 2016.

[81] 阿里研究院. 中国淘宝村研究报告（2016）[R]. 北京：阿里研究院. 2017.

[82] 阿里研究院. 中国淘宝村研究报告（2017）[R]. 北京：阿里研究院. 2018.

[83] 阿里研究院. 山东博兴：淘宝村发展的支点与痛点. [EB/OL]. [2016 - 05 - 22]. http：//www. aliresearch. com/blog/article/detail/id/20946. html.

[84] 阿里研究院. 民间工艺也疯狂：山东博兴淘宝村双子星调研实录 [EB/OL]. [2014 - 09 - 08]. http：//www. aliresearch. com/blog/article/detail/id/19658. html.

[85] 卜毅然，姚超. 商业模式与可持续竞争优势关系分析 [J]. 财经问题研究，2011（11）：126 - 130.

[86] 曾亿武，郭红东. 电子商务协会促进淘宝村发展的机理及其运行机制——以广东省揭阳市军埔村的实践为例 [J]. 中国农村经济，2016（6）：51 - 60.

[87] 曾亿武，邱东茂，沈逸婷，郭红东. 淘宝村形成过程研究：以东风村和军埔村为例 [J]. 经济地理，2015（12）：90 - 97.

[88] 陈志. 战略性新兴产业发展中的商业模式创新研究 [J]. 经济体制改革，2012（1）：112 - 116.

[89] 池仁勇，乐乐. 基于产业集群理论的淘宝村微生态系统研究 [J]. 浙江工业大学学报（社会科学版），2017（4）：383 - 389.

[90] 储新民，李琪. 发展我国农业电子商务：制度重于技术——

基于国内研究文献的述评与思考［J］. 情报杂志，2009（8）：6－9.

［91］崔丽丽，王骊静，王井泉. 社会创新因素促进"淘宝村"电子商务发展的实证分析——以浙江丽水为例［J］. 中国农村经济，2014（12）：50－60.

［92］董保宝，李全喜. 竞争优势研究脉络梳理与整合研究框架构建——基于资源与能力视角［J］. 外国经济与管理，2013（3）：2－11.

［93］段豫川. 发挥农村区域比较优势的两个战略问题［J］. 农村经济，1998（10）.

［94］段忠贤，黄其松. 要素禀赋、制度质量与区域贫困治理——基于中国省际面板数据的实证研究［J］. 公共管理学报，2017（3）：144－53.

［95］范轶琳，黄灿，张紫涵，等. BOP 电商包容性创新案例研究——社会中介视角［J］. 科学学研究，2015，33（11）：1740－1748.

［96］范轶琳，姚明明，吴卫芬. 中国淘宝村包容性创新的模式与机理研究［J］. 农业经济问题，2018（12）：118－127.

［97］方晓波. 商业模式创新中维持竞争优势的隔离机制研究［J］. 学习与实践，2019（6）：11－18.

［98］费孝通. 乡土中国［M］，北京：人民出版社，2008.

［99］傅家骥. 技术创新学［M］. 北京：清华大学出版社，1998.

［100］高展军，王龙伟，陈锋. 市场导向与联盟控制对知识获取的影响研究［J］. 科学学与科学技术管理，2012（1）：69－76.

［101］顾海英，史清华，程英，等. 现阶段"新二元结构"问题缓解的制度与政策［J］. 管理世界，2011，11.

[102] 关海玲，陈建成，钱一武．电子商务环境下农产品交易模式及发展研究 [J]．中国流通经济，2010（1）：45－47.

[103] 郭承龙．农村电子商务模式探析——基于淘宝村的调研 [J]．经济体制改革，2015（5）：110－115.

[104] 郭红东，周惠珺．先前经验、创业警觉与农民创业机会识别：一个中介效应模型及其启示 [J]．浙江大学学报（人文社会科学版），2013（4）：17－27.

[105] 洪志生，薛澜，周源．新兴产业发展中商业模式创新对技术创新的作用机理分析 [J]．中国科技论坛，2015（1）：39－44.

[106] 胡鞍钢，周绍杰．新的全球贫富差距：日益扩大的"数字鸿沟" [J]．中国社会科学，2002（3）：34－48.

[107] 胡保亮．商业模式、创新双元性与企业绩效的关系研究 [J]．科研管理，2015，36（11）：29－36.

[108] 胡海波，卢海涛．企业商业生态系统演化中价值共创研究——数字化赋能视角 [J]．经济管理，2018（8）：55－71.

[109] 黄柏权，游红波，土家族织锦的发展演变及其现代启示 [J]，湖北民族学院学报（哲学社会科学版），2005（2）：8－13.

[110] 惠献波，新生代农民工自主创业意愿及其影响因素——基于合理行动理论 [J]，湖南农业大学学报（社会科学版），2013（14）：53－59.

[111] 贾根良．理解演化经济学 [J]．中国社会科学，2004（2）：33－41.

[112] 姜奇平．农村电子商务改变中国 [J]．互联网周刊，2011

（20）：32 - 36.

[113] 姜忠辉，徐玉蓉. 企业家精神的内涵与外延探析 [J]. 中国海洋大学学报（社会科学版），2015（1）：71 - 77.

[114] 荆林波. 电子商务：中国经济发展的新引擎 [J]. 求是，2013（11）：15 - 17.

[115] 李东. 面向进化特征的商业生态系统分类研究——对 33 个典型核心企业商业生态实践的聚类分析 [J]. 中国工业经济，2008（11）：119 - 129.

[116] 李玲芳，徐思远，洪占卿. 农村电子商务：问题与对策 [J]. 中共福建省委党校学报，2013（5）：70 - 74.

[117] 李然. 民族传统文化的生态重构与传承发展体系再造——以土家织锦为例 [J]. 广西民族大学学报（哲学社会科学版），2017，39（03）：89 - 94.

[118] 李小建，罗庆，樊新生. 农区专业村的形成与演化机理研究 [J]. 中国软科学，2009（02）：71 - 80.

[119] 李学鑫，陈世强，薛诺稳. 中国农区文化创意产业集群形成演化的影响因素研究：以河南民权"画虎村"为例 [J]. 地域研究与开发，2010（2）：16 - 21.

[120] 梁强，邹立凯，宋丽红，李新春，王博. 组织印记、生态位与新创企业成长——基于组织生态学视角的质性研究 [J]. 管理世界，2017（6）：141 - 154.

[121] 梁强，邹立凯，杨学儒，孔博. 政府支持对包容性创业的影响机制研究——基于揭阳军埔农村电商创业集群的案例分析 [J].

南方经济, 2016 (1): 42-56

[122] 林毅夫, 李永军. 比较优势、竞争优势与发展中国家的经济发展 [J]. 管理世界, 2003 (7): 21-28.

[123] 林毅夫, 蔡昉, 李周. 比较优势与发展战略 [J]. 中国社会科学, 1999, 5 (7).

[124] 刘可. 农村电子商务发展探析 [J]. 经济体制改革, 2008 (06): 171-174.

[125] 刘路星, 郑蓉蓉, 吴声怡. 有机农产品O2O营销模式创新研究 [J]. 求索, 2015 (8): 46-49.

[126] 刘亚军, 电商精准扶贫要做加减法 [J]. 电商参考, 2017 (4): 22-24.

[127] 刘亚军. 互联网条件下的自发式包容性增长——基于一个"淘宝村"的纵向案例研究 [J]. 社会科学, 2017 (10): 46-60.

[128] 刘亚军. 互联网使能、金字塔底层创业促进内生包容性增长的双案例研究 [J]. 管理学报, 2018 (12): 1761-1771.

[129] 刘亚军. 决定商业模式成败的能力因素探析 [J]. 科技进步与对策, 2016 (17): 79-84.

[130] 刘亚军, 陈进, 储新民. "互联网+农户+公司"的商业模式探析——来自"淘宝村"的经验 [J]. 西北农林科技大学学报 (社会科学版), 2016 (06): 87-93.

[131] 刘亚军, 储新民. 中国"淘宝村"的产业演化研究 [J]. 中国软科学, 2017 (02): 29-36.

[132] 刘志迎, 周章庆, 陈明春, 等. 商业模式需要创新还是模

仿？——基于实物期权博弈的策略研究［J］．外国经济与管理，2018，40（3）：79－91.

［133］龙山县人民政府网，关于龙山县土家织锦的调查与思考［EB/OL］．［2015－07－15］．http：//www. xxls. gov. cn/zmhd/jyxc/201507/t20150715_726289. html.

［134］陆立军．基于演化动力学的专业市场与产业集群互动机理研究——以“义乌商圈”为例［J］．经济学家，2011（2）：51－59.

［135］罗明忠，陈明．人格特质、创业学习与农民创业绩效［J］．中国农村经济，2014（10）：62－75.

［136］罗琦，罗明忠，刘恺．模仿还是原生？——农民创业选择中的羊群效应［J］．农村经济，2016（10）：99－105.

［137］罗仲伟，李先军，宋翔等．从“赋权”到“赋能”的企业组织结构演进——基于韩都衣舍案例的研究［J］．中国工业经济，2017（9）：176－194.

［138］马斯洛．人类动机的理论［M］．北京：中国人民大学出版社，2007.

［139］马振．旅游对手工艺类非物质文化遗产传承的影响——以土家族织锦“西兰卡普”为例［J］．中南民族大学学报，2014（3）：24－27.

［140］迈克尔·波特．竞争论［M］．北京：中信出版社，2003.

［141］迈尔斯，休伯曼．质性资料的分析：方法与实践［M］．重庆：重庆大学出版社，2008.

［142］聂辉华，谭松涛，王宇锋．创新、企业规模和市场竞争：基于中国企业层面的面板数据分析［J］．世界经济，2008（7）：57－66.

［143］潘安成，李鹏飞．交情行为与创业机会：基于农业创业的多案例研究［J］．管理科学，2014（4）：59 - 75．

［144］彭璧玉．我国农业电子商务的模式分析［J］．南方农村，2001（06）：37 - 39．

［145］青平，李崇光．发展非对称竞争优势：农村中小企业的战略选择［J］．科技进步与对策，2005（4）：112 - 114．

［146］邱泽奇．三秩归一：电商发展形塑的乡村秩序——菏泽市农村电商的案例分析［J］．国家行政学院学报，2018（1）：47 - 54．

［147］邵鹏，胡平．电子商务平台商业模式创新与演变的案例研究［J］．科研管理，2016（7）：81 - 88．

［148］史晋川，朱康对．温州模式研究：回顾与展望［J］．浙江社会科学，2002（03）：5 - 17．

［149］苏岚岚，彭艳玲，孔荣．社会网络对农户创业绩效的影响研究——基于创业资源可得性的中介效应分析［J］．财贸研究，2017（9）：27 - 38．

［150］孙开钊．"互联网＋"下我国农产品供应链创新［J］．企业经济，2015（12）：93 - 98．

［151］孙锐，周飞．企业社会联系、资源拼凑与商业模式创新的关系研究［J］．管理学报．2017（12）：1811 - 1818．

［152］孙永波．商业模式创新与竞争优势［J］．管理世界，2011（7）：182 - 183．

［153］孙永磊，党兴华，宋晶．合作组织惯例形成影响因素研究述评与未来展望［J］．外国经济与管理，2014（3）：56 - 64．

［154］谭燕芝，张子豪．社会网络、非正规金融与农户多维贫困［J］．财经研究，2017（3）：43－56．

［155］汪向东，王昕天．电子商务与信息扶贫：互联网时代扶贫工作的新特点［J］．西北农林科技大学学报：社会科学版，2015（4）：98－104．

［156］汪向东．"沙集模式"破解"三农"难题［J］．江苏农村经济，2011．

［157］汪向东．农村电商发展的关键在"赋能"和"激活"［EB/OL］．［2016－01－05］．http：//blog. sina. com. cn/s/blog_ 593adc6c0102w5a9. html.

［158］汪向东．农业电子商务的"四新"［J］．新农业，2013（14）：14－15．

［159］王玲玲，赵文红，魏泽龙．创业学习与新颖型商业模式设计：市场环境不确定的调节作用［J］．经济经纬，2018（4）：122－128．

［160］王雪冬，董大海．商业模式创新概念研究述评与展望［J］．外国经济与管理．2013（11）：29－36．

［161］王砚羽，谢伟．电子商务模式模仿者与创新者竞争动态研究——当当网和亚马逊中国竞争演变分析［J］．科学学与科学技术管理，2013（6）：44－51．

［162］王砚羽，谢伟．基于传染病模型的商业模式扩散机制研究［J］．科研管理，2015（7）：10－18．

［163］王勇．基于社会网络的中小企业竞争力研究［J］．企业经济，2010（2）：9－12．

［164］魏江，郑小勇．文化嵌入与集群企业创新网络演化的关联机

制［J］. 科研管理, 2012（12）: 10 - 22.

[165] 魏巧, 朱武祥. 商业模式的经济解释［M］. 北京: 机械工业出版社, 2017: 4 - 6.

[166] 魏炜, 朱武祥, 林桂平. 基于利益相关者交易结构的商业模式理论［J］. 管理世界, 2012（12）: 125 - 131.

[167] 温铁军. 市场失灵的乡村［J］. 天涯, 2002（1）: 14 - 22.

[168] 吴春雅, 江帆. 农村电子商务研究脉络与展望——基于 Citespace 可视化图谱分析［J］. 农业经济与管理, 2018（06）: 58 - 68.

[169] 吴靖, 罗海平. 我国现阶段"三农"问题的成因、性质与对策研究——基于农民组织化的重新审视［J］. 中国软科学, 2009（03）: 17 - 22.

[170] 夏爽, 王浩. 企业技术创新与核心竞争力互促机制研究［J］. 科学管理研究, 2015（2）: 61 - 64.

[171] 向永胜, 魏江, 郑小勇. 多重嵌入对集群企业创新能力的作用研究［J］. 科研管理, 2016（10）: 102 - 111.

[172] 肖红军. 共享价值、商业生态圈与企业竞争范式转变［J］. 改革, 2015（07）: 129 - 141.

[173] 肖静华, 谢康, 吴瑶, 等. 从面向合作伙伴到面向消费者的供应链转型——电商企业供应链双案例研究. 管理世界, 2015（4）: 137 - 154.

[174] 辛勤. 知识网络对企业创新的影响: 基于动态能力视角［D］. 山东大学博士学位论文, 2011.

[175] 邢小强, 仝允桓, 陈晓鹏. 金字塔底层市场的商业模式: 一

个多案例研究［J］．管理世界，2011（10）：108－124．

［176］徐杰，罗震东，何鹤鸣，等．中国县域电子商务发展的空间特征及影响因素研究［J］．上海城市规划，2017（2）：90－97．

［177］徐现祥，李郇．中国省区经济差距的内生制度根源［J］．经济学（季刊），2005，4（s1）：83－100．

［178］徐智邦，王中辉，周亮，王慧荣．中国"淘宝村"的空间分布特征及驱动因素分析［J］．经济地理，2017（1）：107－114．

［179］闫莹，陈建富．网络关系强度与产业集群竞争优势关系的实证研究［J］．软科学，2010（12）：43－47．

［180］杨克斯，吴江雪．我国农村电子商务新模式初探［J］．中国商贸，2012（11）：152－153．

［181］叶秀敏．三种模式惠"草根"——当前农村电子商务发展探析［J］．信息化建设，2011（11）：7－9．

［182］尹苗苗，李昀，周冰玉．基于文本分析的国内模仿创业研究评述［J］．管理学报，2017，14（11）：1587．

［183］尹苗苗，马艳丽，董碧松，齐晓云．模仿创业研究综述与未来展望［J］．南方经济，2016（09）：2－15．

［184］于海云，汪长玉，赵增耀．乡村电商创业集聚的动因及机理研究——以江苏沭阳"淘宝村"为例［J］．经济管理，2018，40（12）：41－56．

［185］袁洪飞．我国农业电子商务竞争能力的影响因素及战略选择探析［J］．农业经济，2016（03）：120－122．

［186］云乐鑫，杨俊，张玉利．创业企业如何实现商业模式内容创

新？——基于"网络—学习"双重机制的跨案例研究 [J]. 管理世界, 2017 (4)：119 - 137 + 188.

[187] 张敬伟, 裴雪婷. 中国农民创业者的创业学习行为探析 [J]. 科学学研究, 2018, 36 (11)：2046 - 2054.

[188] 张丽. 土家织锦的保护与开发 [EB/OL]. [2011 - 05 - 11]. http：//top. weinan. gov. cn/fwzwhyc/lwzz/14571. htm.

[189] 张社梅, 李冬梅. 农业供给侧结构性改革的内在逻辑及推进路径 [J]. 农业经济问题, 2017 (8)：59 - 65.

[190] 张旭亮, 史晋川, 李仙德, 等. 互联网对中国区域创新的作用机理与效应 [J]. 经济地理, 2017 (12)：129 - 137.

[191] 张艳芳. 农村电子商务模式研究 [J]. 农村经济与科技, 2016, 27 (7)：107 - 108.

[192] 张云起, 孙军锋, 王毅, 等. 信联网商务信用体系建设 [J]. 中央财经大学学报, 2015 (4)：90 - 99.

[193] 章莉, 李实. 中国劳动力市场上工资收入的户籍歧视 [J]. 管理世界, 2014 (11)：35 - 46.

[194] 赵萍. 阿里巴巴开启农村电商"大战" [J]. 决策, 2014 (12)：68 - 69.

[195] 郑风田, 程郁. 创业家与我国农村产业集群的形成与演进机理——基于云南斗南花卉个案的实证分析 [J]. 中国软科学, 2006 (1)：100 - 107.

[196] 郑风田, 董筱丹, 温铁军. 农村基础设施投资体制改革的"双重两难" [J]. 贵州社会科学, 2010 (7)：4 - 14.

［197］郑亚琴，郑文生．信息化下农业电子商务的发展及政府作用［J］．情报杂志，2007（2）：96－98．

［198］周春柏．江苏电信：诚信照亮品牌［J］．中国质量万里行，2007（5）：88－88．

［199］朱兴荣．新农村电子商务及实施模式的探索［J］．科技情报开发与经济，2007（12）：227－228．

［200］朱秀梅，费宇鹏．关系特征、资源获取与初创企业绩效关系实证研究［J］．南开管理评论，2010（3）：125－135．

［201］祝君红，朱立伟，黄新飞．包容性创新视角下淘宝村形成因素及动力分析［J］．武汉商学院学报，2017（2）：71－75．

［202］庄晋财，芮正云．农民工社会网络关系对其新创企业竞争优势的影响——基于网络资源观的结构方程模型分析［J］．中南大学学报（社会科学版），2014（6）：94－101．

［203］庄晋财，芮正云，曾纪芬．双重网络嵌入、创业资源获取对农民工创业能力的影响——基于赣、皖、苏183个农民工创业样本的实证分析［J］．中国农村观察，2014（3）：29－41．

［204］庄子银．企业家精神、持续技术创新和长期经济增长的微观机制［J］．世界经济，2005（12）：32－43．

# 全国第三批（2014）212个淘宝村名单及其产品定位

| 省 | 市 | 区/县 | 乡/镇 | 村 | 主打产品 |
|---|---|---|---|---|---|
| 福建省 | 福州市 | 闽侯县 | 上街镇 | 建平村 | 家具 |
| 福建省 | 龙岩市 | 新罗区 | 小池镇 | 培斜村 | 竹席 |
| 福建省 | 莆田市 | 涵江区 | 梧塘镇 | 松东村 | 鞋 |
| 福建省 | 莆田市 | 荔城区 | 黄石镇 | 清前村 | 女装 |
| 福建省 | 莆田市 | 荔城区 | 黄石镇 | 西洪村 | 女装 |
| 福建省 | 莆田市 | 荔城区 | 新度镇 | 东郊村 | 女装、男装 |
| 福建省 | 莆田市 | 仙游县 | 榜头镇 | 坝下村 | 木雕 |
| 福建省 | 莆田市 | 仙游县 | 榜头镇 | 泉山村 | 家具 |
| 福建省 | 莆田市 | 仙游县 | 榜头镇 | 紫泽村 | 木雕 |
| 福建省 | 莆田市 | 仙游县 | 枫亭镇 | 海安村 | 服装 |
| 福建省 | 莆田市 | 秀屿区 | 东峤镇 | 上塘村 | 饰品 |
| 福建省 | 泉州市 | | 尚卿乡 | 翰卿村 | 藤铁家具、工艺品 |
| 福建省 | 泉州市 | 安溪县 | 尚卿乡 | 翰苑村 | 藤铁家具、工艺品 |
| 福建省 | 泉州市 | 安溪县 | 尚卿乡 | 新楼村 | 藤铁家具、工艺品 |
| 福建省 | 泉州市 | 安溪县 | 尚卿乡 | 灶坑村 | 藤铁家具、工艺品 |
| 福建省 | 泉州市 | 安溪县 | 尚卿乡 | 灶美村 | 藤铁家具、工艺品 |
| 福建省 | 泉州市 | 德化县 | 龙浔镇 | 宝美村 | 陶瓷 |

续表

| 省 | 市 | 区/县 | 乡/镇 | 村 | 主打产品 |
|---|---|---|---|---|---|
| 福建省 | 泉州市 | 德化县 | 浔中镇 | 浔中村 | 陶瓷 |
| 福建省 | 泉州市 | 晋江市 | 陈埭镇 | 高坑村 | 鞋、跑步机 |
| 福建省 | 泉州市 | 晋江市 | 陈埭镇 | 仙石村 | 鞋、包 |
| 福建省 | 泉州市 | 晋江市 | 磁灶镇 | 张林村 | 鞋 |
| 福建省 | 泉州市 | 晋江市 | 龙湖镇 | 梧坑村 | 服饰、鞋 |
| 福建省 | 泉州市 | 晋江市 | 永和镇 | 旦厝村 | 服装 |
| 福建省 | 泉州市 | 晋江市 | 永和镇 | 玉湖村 | 户外用品、服装 |
| 福建省 | 泉州市 | 南安市 | 丰州镇 | 素雅村 | 鞋、数码配件 |
| 福建省 | 泉州市 | 南安市 | 乐峰镇 | 飞云村 | 运动鞋 |
| 福建省 | 泉州市 | 南安市 | 霞美镇 | 长福村 | 对讲机 |
| 福建省 | 泉州市 | 石狮市 | 永宁镇 | 前埔村 | 鞋 |
| 广东省 | 潮州市 | 饶平县 | 钱东镇 | 上浮山村 | 零食、沙发 |
| 广东省 | 佛山市 | 禅城区 | 南庄镇 | 吉利村 | 笔记本电脑、手机 |
| 广东省 | 佛山市 | 禅城区 | 南庄镇 | 溶洲村 | 瓷砖 |
| 广东省 | 佛山市 | 南海区 | 里水镇 | 洲村 | 鞋 |
| 广东省 | 佛山市 | 顺德区 | 乐从镇 | 大闸村 | 家具 |
| 广东省 | 广州市 | 白云区 | 京溪街 | 犀牛角村 | 服装 |
| 广东省 | 广州市 | 白云区 | 人和镇 | 鹤亭村 | 皮具 |
| 广东省 | 广州市 | 白云区 | 太和镇 | 大源村 | 服装 |
| 广东省 | 广州市 | 白云区 | 太和镇 | 南村 | 女装 |
| 广东省 | 广州市 | 白云区 | 太和镇 | 南岭村 | 箱包 |
| 广东省 | 广州市 | 白云区 | 太和镇 | 石湖村 | 箱包 |
| 广东省 | 广州市 | 白云区 | 太和镇 | 田心村 | 隔音材料、女装 |
| 广东省 | 广州市 | 白云区 | 太和镇 | 夏良村 | 女装 |
| 广东省 | 广州市 | 白云区 | 太和镇 | 永兴村 | 数码配件、汽车零配件 |
| 广东省 | 广州市 | 番禺区 | 南村镇 | 坑头村 | 饰品、户外用品 |

续表

| 省 | 市 | 区/县 | 乡/镇 | 村 | 主打产品 |
|---|---|---|---|---|---|
| 广东省 | 广州市 | 番禺区 | 南村镇 | 里仁洞村 | 女装 |
| 广东省 | 广州市 | 番禺区 | 南村镇 | 樟边村 | 游艺机、家电 |
| 广东省 | 广州市 | 花都区 | 狮岭镇 | 合成村 | 箱包 |
| 广东省 | 广州市 | 花都区 | 狮岭镇 | 新扬村 | 箱包 |
| 广东省 | 广州市 | 花都区 | 狮岭镇 | 益群村 | 箱包 |
| 广东省 | 广州市 | 增城市 | 新塘镇 | 白江村 | 牛仔裤 |
| 广东省 | 广州市 | 增城市 | 新塘镇 | 白石村 | 牛仔裤 |
| 广东省 | 广州市 | 增城市 | 新塘镇 | 东洲村 | 牛仔裤 |
| 广东省 | 广州市 | 增城市 | 新塘镇 | 甘涌村 | 牛仔裤 |
| 广东省 | 广州市 | 增城市 | 新塘镇 | 久裕村 | 牛仔裤 |
| 广东省 | 广州市 | 增城市 | 新塘镇 | 坭紫村 | 牛仔裤 |
| 广东省 | 广州市 | 增城市 | 新塘镇 | 上邵村 | 牛仔裤 |
| 广东省 | 广州市 | 增城市 | 新塘镇 | 新何村 | 牛仔裤 |
| 广东省 | 广州市 | 增城市 | 新塘镇 | 瑶田村 | 牛仔裤 |
| 广东省 | 河源市 | 龙川县 | 老隆镇 | 水贝村 | 鞋 |
| 广东省 | 惠州市 | 博罗县 | 园洲镇 | 李屋村 | 汽车配件 |
| 广东省 | 惠州市 | 博罗县 | 园洲镇 | 寮仔村 | 汽车配件 |
| 广东省 | 惠州市 | 惠东县 | 白花镇 | 太阳村 | 家电配件 |
| 广东省 | 江门市 | 鹤山市 | 址山镇 | 东溪村 | 家具、摩托车配件 |
| 广东省 | 揭阳市 | 揭东区 | 锡场镇 | 军埔村 | 服装、不锈钢制品 |
| 广东省 | 揭阳市 | 普宁市 | 军埔镇 | 大长陇村 | 手机 |
| 广东省 | 揭阳市 | 普宁市 | 军埔镇 | 石桥头村 | 手机 |
| 广东省 | 揭阳市 | 普宁市 | 流沙南街道 | 马栅村 | 女装 |
| 广东省 | 揭阳市 | 普宁市 | 梅塘镇 | 溪南村 | 鞋 |
| 广东省 | 揭阳市 | 普宁市 | 占陇镇 | 西楼村 | 手机 |
| 广东省 | 揭阳市 | 普宁市 | 占陇镇 | 下村 | 手机 |

续表

| 省 | 市 | 区/县 | 乡/镇 | 村 | 主打产品 |
|---|---|---|---|---|---|
| 广东省 | 揭阳市 | 普宁市 | 占陇镇 | 新寨村 | 手机 |
| 广东省 | 揭阳市 | 普宁市 | 占陇镇 | 占陈村 | 女装 |
| 广东省 | 汕头市 | 潮南区 | 成田镇 | 简朴村 | 数码配件 |
| 广东省 | 汕头市 | 潮南区 | 成田镇 | 西岐村 | 数码配件 |
| 广东省 | 汕头市 | 潮南区 | 两英镇 | 东北村 | 手机、化妆品 |
| 广东省 | 汕头市 | 潮南区 | 陇田镇 | 芝兰村 | 手机 |
| 广东省 | 汕头市 | 潮南区 | 陇田镇 | 珠埕村 | 香水 |
| 广东省 | 汕头市 | 潮南区 | 胪岗镇 | 新庆村 | 家居服 |
| 广东省 | 汕头市 | 潮南区 | 司马浦镇 | 华里西村 | 化妆品、奶粉 |
| 广东省 | 汕头市 | 潮阳区 | 谷饶镇 | 大坑村 | 电脑配件 |
| 广东省 | 汕头市 | 潮阳区 | 贵屿镇 | 新厝村 | 手机 |
| 广东省 | 汕头市 | 潮阳区 | 河溪镇 | 东陇村 | 手机 |
| 广东省 | 汕尾市 | 陆丰市 | 碣石镇 | 桂林村 | 摩托车 |
| 河北省 | 保定市 | – | 白沟新城 | 白五村 | 箱包 |
| 河北省 | 保定市 | – | 白沟新城 | 来远村 | 箱包 |
| 河北省 | 保定市 | – | 白沟新城 | 王庄村 | 箱包 |
| 河北省 | 保定市 | – | 白沟新城 | 小营村 | 箱包 |
| 河北省 | 保定市 | – | 白沟新城 | 许庄村 | 箱包 |
| 河北省 | 保定市 | 蠡县 | 辛兴镇 | 南沙口村 | 毛线 |
| 河北省 | 保定市 | 清苑县 | 东吕乡 | 东吕村 | 起重工具 |
| 河北省 | 保定市 | 曲阳县 | 羊平镇 | 南村 | 石雕 |
| 河北省 | 邯郸市 | 永年县 | 临洺关镇 | 河北铺村 | 化妆品 |
| 河北省 | 石家庄市 | 深泽县 | 桥头乡 | 耿庄村 | 清洁剂 |
| 河北省 | 石家庄市 | 正定县 | 正定镇 | 北贾村 | 家具 |
| 河北省 | 邢台市 | 南宫市 | 垂杨镇 | 后索泸村 | 皮草 |
| 河北省 | 邢台市 | 南宫市 | 垂杨镇 | 宋都水村 | 汽车用品 |

续表

| 省 | 市 | 区/县 | 乡/镇 | 村 | 主打产品 |
|---|---|---|---|---|---|
| 河北省 | 邢台市 | 南宫市 | 段芦头镇 | 段四村 | 汽车用品 |
| 河北省 | 邢台市 | 南宫市 | 段芦头镇 | 南张庄村 | 毛线 |
| 河北省 | 邢台市 | 平乡县 | 丰州镇 | 霍洪村 | 童车 |
| 河北省 | 邢台市 | 平乡县 | 田付村乡 | 艾村 | 童车 |
| 河北省 | 邢台市 | 清河县 | 葛仙庄镇 | 黄金庄村 | 毛衣 |
| 河北省 | 邢台市 | 清河县 | 葛仙庄镇 | 郎吕坡村 | 毛线 |
| 河北省 | 邢台市 | 清河县 | 葛仙庄镇 | 西高庄村 | 毛线、毛衣 |
| 河北省 | 邢台市 | 清河县 | 葛仙庄镇 | 许二庄村 | 毛衣 |
| 河北省 | 邢台市 | 清河县 | 葛仙庄镇 | 杨二庄村 | 毛衣 |
| 河北省 | 邢台市 | 清河县 | 葛仙庄镇 | 张二庄村 | 毛线 |
| 河北省 | 邢台市 | 清河县 | 连庄镇 | 西张古村 | 毛衣 |
| 河北省 | 邢台市 | 清河县 | 杨二庄镇 | 东高庄村 | 毛线、毛衣 |
| 河南省 | 焦作市 | 孟州市 | 南庄镇 | 桑坡村 | 家电、鞋 |
| 湖北省 | 十堰市 | 郧西县 | 涧池乡 | 下营村 | 绿松石 |
| 江苏省 | 常州市 | 武进区 | 横山桥镇 | 省庄村 | 毛线、营养食品 |
| 江苏省 | 连云港市 | 东海县 | 牛山镇 | 西蔡村 | 饰品 |
| 江苏省 | 南通市 | 通州区 | 川姜镇 | 三合口村 | 床上用品 |
| 江苏省 | 南通市 | 通州区 | 川姜镇 | 义成村 | 床上用品 |
| 江苏省 | 南通市 | 通州区 | 川姜镇 | 志南村 | 床上用品 |
| 江苏省 | 南通市 | 通州区 | 张芝山镇 | 塘坊村 | 床上用品 |
| 江苏省 | 苏州市 | 常熟市 | 尚湖镇 | 颜巷村 | 服装 |
| 江苏省 | 苏州市 | 昆山市 | 张浦镇 | 大市村 | 袜子、服饰配件 |
| 江苏省 | 苏州市 | 太仓市 | 沙溪镇 | 泰西村 | 鞋 |
| 江苏省 | 苏州市 | 相城区 | 北桥街道 | 庄基村 | 奶粉、家具 |
| 江苏省 | 苏州市 | 相城区 | 黄桥街道 | 张庄村 | 家具 |
| 江苏省 | 苏州市 | 相城区 | 阳澄湖镇 | 消泾村 | 大闸蟹 |

| 省 | 市 | 区/县 | 乡/镇 | 村 | 主打产品 |
|---|---|---|---|---|---|
| 江苏省 | 无锡市 | 江阴市 | 徐霞客镇 | 璜塘村 | 防辐射服装 |
| 江苏省 | 无锡市 | 江阴市 | 周庄镇 | 长寿村 | 箱包 |
| 江苏省 | 宿迁市 | 沭阳县 | 新河镇 | 解桥村 | 糕点 |
| 江苏省 | 宿迁市 | 沭阳县 | 新河镇 | 周圈村 | 花卉 |
| 江苏省 | 宿迁市 | 沭阳县 | 颜集镇 | 堰下村 | 花卉 |
| 江苏省 | 宿迁市 | 宿城区 | 耿车镇 | 大众村 | 家具 |
| 江苏省 | 徐州市 | 睢宁县 | 沙集镇 | 丁陈村 | 家具 |
| 江苏省 | 徐州市 | 睢宁县 | 沙集镇 | 东风村 | 家具 |
| 江苏省 | 徐州市 | 睢宁县 | 沙集镇 | 夏圩村 | 家具 |
| 江苏省 | 徐州市 | 睢宁县 | 沙集镇 | 兴国村 | 家具 |
| 江苏省 | 徐州市 | 睢宁县 | 沙集镇 | 朱庙村 | 家具 |
| 江苏省 | 徐州市 | 新沂市 | 墨河街道 | 新段村 | 皮革 |
| 江苏省 | 扬州市 | 邗江区 | 西湖镇 | 金槐村 | 毛绒玩具 |
| 山东省 | 滨州市 | 博兴县 | 博兴镇 | 顾家村 | 手织粗布 |
| 山东省 | 滨州市 | 博兴县 | 锦秋街道 | 安柴村 | 草柳编制品 |
| 山东省 | 滨州市 | 博兴县 | 锦秋街道 | 孟桥村 | 草柳编制品 |
| 山东省 | 滨州市 | 博兴县 | 锦秋街道 | 南陈家村 | 草柳编制品 |
| 山东省 | 滨州市 | 博兴县 | 锦秋街道 | 湾头村 | 草柳编制品 |
| 山东省 | 滨州市 | 博兴县 | 锦秋街道 | 院庄村 | 草柳编制品 |
| 山东省 | 菏泽市 | 曹县 | 安才楼镇 | 火神台村 | 数码配件 |
| 山东省 | 菏泽市 | 曹县 | 大集乡 | 丁楼村 | 演出服饰 |
| 山东省 | 菏泽市 | 曹县 | 大集乡 | 付海村 | 数码配件、演出服饰 |
| 山东省 | 菏泽市 | 曹县 | 大集乡 | 李八庄村 | 数码配件、演出服饰 |
| 山东省 | 菏泽市 | 曹县 | 大集乡 | 刘楼村 | 演出服饰 |
| 山东省 | 菏泽市 | 曹县 | 大集乡 | 孙庄村 | 演出服饰 |
| 山东省 | 菏泽市 | 曹县 | 大集乡 | 张庄村 | 演出服饰 |

续表

| 省 | 市 | 区/县 | 乡/镇 | 村 | 主打产品 |
|---|---|---|---|---|---|
| 四川省 | 成都市 | 郫县 | 安靖镇 | 林湾村 | 仓储货架 |
| 四川省 | 成都市 | 郫县 | 安靖镇 | 土地村 | 女装 |
| 天津市 | 市辖区 | 武清区 | 王庆坨镇 | 一街村 | 自行车及零配件 |
| 浙江省 | 杭州市 | 临安市 | 清凉峰镇 | 马啸村 | 山核桃 |
| 浙江省 | 杭州市 | 临安市 | 清凉峰镇 | 新都村 | 坚果炒货 |
| 浙江省 | 杭州市 | 临安市 | 清凉峰镇 | 玉屏村 | 坚果炒货 |
| 浙江省 | 杭州市 | 桐庐县 | 横村镇 | 横村 | 健身器材 |
| 浙江省 | 湖州市 | 吴兴区 | 织里镇 | 大河村 | 童装 |
| 浙江省 | 湖州市 | 吴兴区 | 织里镇 | 河西村 | 童装 |
| 浙江省 | 湖州市 | 吴兴区 | 织里镇 | 秦家港村 | 童装 |
| 浙江省 | 嘉兴市 | 海宁市 | 斜桥镇 | 三联村 | 皮草、皮衣 |
| 浙江省 | 嘉兴市 | 海宁市 | 许村镇 | 永福村 | 窗帘、沙发配饰 |
| 浙江省 | 嘉兴市 | 海宁市 | 盐官镇 | 郭店村 | 皮草 |
| 浙江省 | 嘉兴市 | 海宁市 | 长安镇 | 老庄村 | 皮草 |
| 浙江省 | 嘉兴市 | 海宁市 | 长安镇 | 盐仓村 | 皮衣 |
| 浙江省 | 嘉兴市 | 海盐县 | 百步镇 | 横港村 | 卫浴用品 |
| 浙江省 | 嘉兴市 | 平湖市 | 当湖街道 | 三港村 | 羽绒服 |
| 浙江省 | 嘉兴市 | 平湖市 | 广陈镇 | 前港村 | 羽绒服 |
| 浙江省 | 嘉兴市 | 桐乡市 | 崇福镇 | 城郊村 | 皮草 |
| 浙江省 | 嘉兴市 | 桐乡市 | 崇福镇 | 东安村 | 皮草 |
| 浙江省 | 嘉兴市 | 桐乡市 | 石门镇 | 羔羊村 | 鞋 |
| 浙江省 | 嘉兴市 | 桐乡市 | 洲泉镇 | 青石村 | 蚕丝被 |
| 浙江省 | 嘉兴市 | 桐乡市 | 洲泉镇 | 义马村 | 蚕丝被 |
| 浙江省 | 金华市 | 东阳市 | 南马镇 | 防军村 | 木雕 |
| 浙江省 | 金华市 | 武义县 | 桐琴镇 | 楼王村 | 五金工具 |
| 浙江省 | 金华市 | 义乌市 | 稠江街道 | 楼下张村 | 零食 |

续表

| 省 | 市 | 区/县 | 乡/镇 | 村 | 主打产品 |
|---|---|---|---|---|---|
| 浙江省 | 金华市 | 义乌市 | 稠江街道 | 新屋村 | 居家用品 |
| 浙江省 | 金华市 | 义乌市 | 江东街道 | 候儿村 | 日用品、玩具 |
| 浙江省 | 金华市 | 义乌市 | 江东街道 | 青岩刘村 | 袜子、女装 |
| 浙江省 | 金华市 | 义乌市 | 江东街道 | 西谷村 | 家具、户外用品 |
| 浙江省 | 金华市 | 义乌市 | 江东街道 | 下湾村 | 户外用品、饰品 |
| 浙江省 | 金华市 | 永康市 | 江南街道 | 下楼村 | 生活电器、家具 |
| 浙江省 | 金华市 | 永康市 | 石柱镇 | 下里溪村 | 生活电器 |
| 浙江省 | 金华市 | 永康市 | 象珠镇 | 派溪吕村 | 家具 |
| 浙江省 | 丽水市 | 缙云县 | 壶镇 | 北山村 | 户外用品 |
| 浙江省 | 丽水市 | 龙泉市 | 剑池街道 | 南秦村 | 青瓷、宝剑 |
| 浙江省 | 丽水市 | 龙泉市 | 龙渊街道 | 村头村 | 内衣、刀剑、青瓷 |
| 浙江省 | 丽水市 | 松阳县 | 大东坝镇 | 西山村 | 家具 |
| 浙江省 | 丽水市 | 松阳县 | 古市镇 | 筏铺村 | 服饰、茶叶 |
| 浙江省 | 宁波市 | 鄞州区 | 高桥镇 | 秀丰村 | 贺卡、明信片 |
| 浙江省 | 宁波市 | 鄞州区 | 姜山镇 | 茅山村 | 地毯 |
| 浙江省 | 绍兴市 | 诸暨市 | 暨阳街道 | 邱村 | 袜子 |
| 浙江省 | 台州市 | 黄岩区 | 新前街道 | 前洋村 | 塑料、服装 |
| 浙江省 | 台州市 | 三门县 | 高枧乡 | 东谢村 | 道路减速带 |
| 浙江省 | 台州市 | 天台县 | 坦头镇 | 东陈村 | 汽车用品 |
| 浙江省 | 台州市 | 天台县 | 坦头镇 | 湖岸村 | 汽车用品 |
| 浙江省 | 台州市 | 天台县 | 坦头镇 | 五百村 | 汽车用品 |
| 浙江省 | 台州市 | 天台县 | 坦头镇 | 鱼山村 | 汽车用品 |
| 浙江省 | 台州市 | 温岭市 | 大溪镇 | 潘郎村 | 鞋 |
| 浙江省 | 台州市 | 温岭市 | 横峰街道 | 前陈村 | 鞋 |
| 浙江省 | 台州市 | 温岭市 | 泽国镇 | 夹屿村 | 热水器、鞋 |
| 浙江省 | 台州市 | 温岭市 | 泽国镇 | 牧屿村 | 鞋 |

续表

| 省 | 市 | 区/县 | 乡/镇 | 村 | 主打产品 |
|---|---|---|---|---|---|
| 浙江省 | 台州市 | 温岭市 | 泽国镇 | 双峰村 | 鞋 |
| 浙江省 | 台州市 | 温岭市 | 泽国镇 | 长大村 | 鞋 |
| 浙江省 | 台州市 | 仙居县 | 下各镇 | 黄梁陈村 | 家居饰品 |
| 浙江省 | 温州市 | 瓯海区 | 潘桥街道 | 陈庄村 | 鞋 |
| 浙江省 | 温州市 | 瓯海区 | 仙岩街道 | 沈岙村 | 女装 |
| 浙江省 | 温州市 | 永嘉县 | 黄田街道 | 千石村 | 鞋 |
| 浙江省 | 温州市 | 永嘉县 | 江北街道 | 珠岙村 | 童装 |
| 浙江省 | 温州市 | 永嘉县 | 桥下镇 | 方岙村 | 教玩具 |
| 浙江省 | 温州市 | 永嘉县 | 桥下镇 | 梅岙村 | 教玩具 |
| 浙江省 | 温州市 | 永嘉县 | 桥下镇 | 上村 | 演出服饰、教玩具 |
| 浙江省 | 温州市 | 永嘉县 | 桥下镇 | 西岙村 | 教玩具 |
| 浙江省 | 温州市 | 永嘉县 | 桥下镇 | 下斜村 | 教玩具 |

附录2

# 农村电商企业社会网络、商业模式创新与竞争优势调查问卷

尊敬的公司领导或管理者：您好！

我们是＊＊大学电子商务研究所的研究人员，这是一份关于农村电商企业社会网络、商业模式创新及竞争优势方面的调查问卷。本次调研是本所国家社科基金课题的一部分，仅供学术研究之用，希望能够获得您的支持与协助！对于您提供的任何个人及公司信息，我们都会严格保密。请您在百忙之中，为我们提供一些基本信息，时间不会超过15分钟。（各题项与选项均无好坏对错之分，仅作研究数据参考）

衷心感谢您对我们研究工作的支持！祝您事业成功！

注：本问卷对象是对公司情况比较了解的管理者或创业团队成员。

A 部分：贵公司的基本信息

1. 您的职务：［单选题］＊

○一般职工　○基层管理着　○中层管理者　○高层管理者　○创始人

2. 贵公司成立的时间（年份）［填空题］　*

_____

3. 贵公司的名称［填空题］　_____

4. 贵公司注册地_____省_____市_____区（县）［填空题］

5. 贵公司生产经营所在地是否为农村［单选题］　*

○农村　　　　○城市　　　　○城乡都有

6. 贵公司的主营业务属于下列哪一类中的哪个行业？（以下三个类别中选一）

［单选题］　*

| | | |
|---|---|---|
| ○1. 农业中的①农副产品及食品加工 | ○②农业种养殖 | ○③农资生产或销售 |
| ○④手工艺品制作加工 | ○⑤渔业 | ○⑥农业其他（请填写）_____ |
| ○2. 制造业中的①家电制造 | ○②家具及装修材料制造 | ○③计算机、电子及通信设备制造 |
| ○④纺织服装鞋帽箱包 | ○⑤玩具教文具制造 | ○⑥制造业其他（请填写）_____ |
| ○3. 服务业中的①软件服务业 | ○②餐饮业 | ○③电子商务业 |
| ○④传统贸易业 | ○⑤交通运输与物流服务业 | ○⑥服务业其他（请填写）_____ |

7. 贵公司的主要产品或服务是什么？（请填写名称）［填空题］　*

_____

8. 贵公司的产品或服务是否以网上为主要（销售）业务渠道［单选题］ *

○是　　　　○否

9. 贵公司的主要产品或服务销售的主要平台是？（请填写名称）［单选题］ *

○天猫京东淘宝微信等第三方平台　　○自建平台　　○传统渠道
○其他＿＿＿＿＿

10. 贵公司目前的员工人数［单选题］ *

○1—10　　○11—25　　○25—100　　○100—250　　○250—500
○500以上

11. 贵公司的资产总额约为［单选题］ *

○50万元以下（含）　○50万—100万元（含）

○100万—200万元（含）　　○200万—500万元（含）

○500万—1000万元（含）　　○1000万元以上（含）

12. 贵公司近2年年均销售额约为［单选题］ *

○50万元以下（含）　　○50万—100万元（含）

○100万—200万元（含）　　○200万—500万元（含）

○500万—1000万元（含）　　○1000万元以上（含）

13. 贵公司的成立是否受到创业榜样的带动作用［单选题］ *

○是　　　　○否

14. 贵公司所在地的创业氛围［单选题］ *

○几乎没有　　　　○还行　　　　○非常浓厚

15. 贵公司主要创始人的年龄［单选题］ *

○29 岁及以下　　　○30 岁到 40 岁　　　○41 岁到 50 岁　　　○51 岁及以上

16. 贵公司主要创始人的学历［单选题］ *

○小学及以下　　○初中　　○高中

○技校　　○大专　　○本科及以上

17. 贵公司主要创始人的性别［单选题］ *

○男　　　　○女

18. 贵公司主要创始人的户籍［单选题］ *

○城市　　　　○农村

19. 贵公司主要创始人在贵公司成立之前是否有创业经历？［单选题］ *

○是　　　　○否

20. 贵公司主要创始人是否有打工经历？［单选题］ *

○是　　　　○否

再次感谢您的大力支持与帮助！请留下您的 E – mail 或联系电话。（可不填）［填空题］


## B 部分

以下问卷内容，请您根据你对公司的直观感觉回答，不需要考虑太久。这不是测验，没有对错之分，也没有标准答案。您只需要客观地作出选择，请您不要都打一样的分，也不要遗漏某些题项。

## 1. 商业模式问卷

请根据贵公司的商业模式相比同行业传统商业模式的创新程度，对以下问题的描述进行打分［矩阵量表题］*

| | 1 非常不符合 | 2 较不符合 | 3 不清楚 | 4 较符合 | 5 非常符合 |
|---|---|---|---|---|---|
| 1—1 以新的方式实现了产品、服务、信息的结合 | ○ | ○ | ○ | ○ | ○ |
| 1—2 用新的方式实现了与合作伙伴的连接和交易 | ○ | ○ | ○ | ○ | ○ |
| 1—3 纳入了新的合作伙伴 | ○ | ○ | ○ | ○ | ○ |
| 1—4 在交易中能用新颖的方式激励合作伙伴 | ○ | ○ | ○ | ○ | ○ |

## 2. 企业的社会网络情况问卷

1）企业的经营合作伙伴数量（以下出现的经营合作伙伴，仅指对贵公司的创新业务开发有帮助的合作伙伴）［矩阵量表题］*

| | 几乎没有 | 1—3 家 | 4—8 家 | 8—15 家 | 15 家以上 |
|---|---|---|---|---|---|
| 2—1 与主要供应商 | ○ | ○ | ○ | ○ | ○ |
| 2—2 与主要客户 | ○ | ○ | ○ | ○ | ○ |
| 2—3 与主要同行 | ○ | ○ | ○ | ○ | ○ |
| 2—4 与相关科研院校 | ○ | ○ | ○ | ○ | ○ |
| 2—5 与政府部门 | ○ | ○ | ○ | ○ | ○ |

|  | 几乎没有 | 1—3 家 | 4—8 家 | 8—15 家 | 15 家以上 |
|---|---|---|---|---|---|
| 2—6 与金融机构（银行） | ○ | ○ | ○ | ○ | ○ |
| 2—7 与中介组织（服务、咨询机构、行业协会等） | ○ | ○ | ○ | ○ | ○ |

2）贵公司与合作伙伴交流的频率［矩阵量表题］ *

|  | 没有交往 | 每年一两次 | 每季度一两次 | 每月一两次 | 每周一两次 |
|---|---|---|---|---|---|
| 2—8 与主要供应商 | ○ | ○ | ○ | ○ | ○ |
| 2—9 与主要客户 | ○ | ○ | ○ | ○ | ○ |
| 2—10 与主要同行 | ○ | ○ | ○ | ○ | ○ |
| 2—11 与相关科研院校 | ○ | ○ | ○ | ○ | ○ |
| 2—12 与政府部门 | ○ | ○ | ○ | ○ | ○ |
| 2—13 与金融机构（银行） | ○ | ○ | ○ | ○ | ○ |
| 2—14 与中介组织（服务、咨询机构、行业协会等） | ○ | ○ | ○ | ○ | ○ |

3）企业与经营合作伙伴的交往情况（下表中各项对企业的描述，请在与企业实际情况相符的数字上点击）［矩阵量表题］ *

| | 非常<br>不符合 | 较不符合 | 一般 | 比较符合 | 非常符合 |
|---|---|---|---|---|---|
| 2—15 当需要及时建议或支持时，合作企业非常希望本企业能够提供知识、信息和技术 | ○ | ○ | ○ | ○ | ○ |
| 2—16 同行业内其他企业大多数都知道我们企业的名字 | ○ | ○ | ○ | ○ | ○ |
| 2—17 本企业与合作伙伴的直接业务联系多于间接联系 | ○ | ○ | ○ | ○ | ○ |
| 2—18 同行业内其他企业容易与我们建立联系 | ○ | ○ | ○ | ○ | ○ |
| 2—19 其他企业经常通过我们企业介绍认识 | ○ | ○ | ○ | ○ | ○ |

3. 企业竞争优势问卷（我们的描述是否与公司的实际情况符合？请根据符合程度打分）

1）差异化优势：近3年来，相对同行主要竞争对手，您认为贵公司的竞争优势体现在［矩阵量表题］*

| | 1 非常<br>不符合 | 2 较不<br>符合 | 3 不清楚 | 4 较符合 | 5 非常符合 |
|---|---|---|---|---|---|
| 3—1 建立了良好的品牌认知 | ○ | ○ | ○ | ○ | ○ |
| 3—2 品牌可识别度高 | ○ | ○ | ○ | ○ | ○ |
| 3—3 具有独特的品牌个性 | ○ | ○ | ○ | ○ | ○ |

2）成本优势：近 3 年来，相对同行主要竞争对手，您认为贵公司的竞争优势体现在：［矩阵量表题］ *

| | 1 非常<br>不符合 | 2 较不<br>符合 | 3 不清楚 | 4 较符合 | 5 非常符合 |
|---|---|---|---|---|---|
| 3—4 平均成本低 | ○ | ○ | ○ | ○ | ○ |
| 3—5 具有价格优势 | ○ | ○ | ○ | ○ | ○ |
| 3—6 渠道毛利高 | ○ | ○ | ○ | ○ | ○ |

# 后　记

　　这本小书，既是一个时代的侧记，也是对我的近期研究的一个阶段性总结。

　　2013 年，我多次在网络上看到"沙集模式"这个词。开始时并不知道是什么意思，以为沙集就是沙子的集合，后来才知道沙集其实是苏北一个小镇的名字，因其当地农民普遍开淘宝店卖家具而闻名，而且其独特价值在于：通过电商网络销售带动，在短短几年时间，完全由市场自发、从无到有形成一个产业，后来被中国社科院汪向东老师总结为一种模式，慢慢传播开来。2014 年，阿里研究院发布了第一份《中国淘宝村研究报告》，集中阐述了像沙集这样的农村电商产业集聚发展情况。尽管当时的淘宝村为数不多，但我隐约意识到这是一个值得关注的现象，它代表的是以互联网电子商务为东风助推的农村经济发展道路的一种新的探索，其一般模式是以个别带头人的种子商业模式为基础向其周边扩散，"一传十、十传百"，最终形成产业集聚或集群。以此为基础，我申报 2014 年的国家社科基金课题"自发式农村电子商务的商业模式创新性复制研究"并成功获批，其研究目的就是探寻这种自底向上的自发式农村电子商务的商业模式是如何从创新到复制扩散，最终形成产业的，以便为"淘宝村"后来者提供经验和模式借鉴，助推我国农村电子商务的发展。这一想法也得到阿里研究院的积极支持，我因此参加了阿里研究院的"活水计划"，并加入到阿里研究院的农村电商调研队伍中。在陈亮、盛振中研究员的帮助下，我有幸深入到农村一线，触摸我国农村电商蓬勃发展的脉搏，见证这一激动人心的时代变迁。几年来，我们前后调研走访了全国大大小小几十个"淘宝村"，也见证了"淘宝村"从2013年的20个发展到2019年的4310个的过程。在此过程中，很多的经历让我震撼不已：我震撼于"淘宝村"如此旺盛的生长力，短短的5年时间可以在沙集成就一个全新的产业；我震撼于中国农民如此勤劳拼搏的精神，为了"双十一"的订单能够夜以继日连续工作数星期；我也震撼于互联网对农村的改造如此之迅猛和彻底，像福建培斜村这样的省级贫困村因坐上淘宝快车而一举翻身摘帽变为美丽乡村。

　　能够踏上时代的节奏，把这一激动人心的过程记录下来，形成文字和理论，是我的荣幸。"淘宝村"的调研为我的理论研究提供了扎实的基础，后续的论文的发表是水到渠成的结果。以"淘宝村"为背景，我陆续发表了多篇论文，其中有4篇发表在CSSCI期刊，1篇被《新华文摘》数字版全文转载，1篇被人大复印资料全文转载，1篇被澎湃新闻全文转载。后来，国家社科基金的结题也顺利通过并获得良好等级，本书即是由其结题报告修改而成。

　　本书的出版是诸多机缘促成，首先要感谢国家社科基金的资助，这既是我这几年研究的推动力量，也是支撑因素；其次要感谢阿里研究院的帮助，阿里的确是一个有情怀的企业，我也很荣幸成为阿里的学者生态圈的一员，在这里既能跟一帮来自海内外的志同道合的学者们充分交流学习，又能近距离与"淘宝村"一线网商进行线上线下的互动；再次要感谢教育部电子商务专业教学指导委员会副主任委员，西安交通大学的李琪老师和厦门大学的彭丽芳老师，两位老师多次来访湘潭大学并大力支持我校电子商务学科发展，他们对毛主席家乡及其大学的关怀令人倍感亲切，李琪老师还在百忙之中抽空为本书作序，其谆谆教诲让我辈深受鼓舞和铭记；最后还要感谢湘潭大学商学院及湖南省社科基金项目（18YBA411）对本书出版的资助。

最后，谨以李琪老师的一句话自勉，"中国的电子商务发展正方兴未艾，讲好中国故事、解决中国问题是时代赋予中国学者的使命"。希望我能以更好的研究，为我国的乡村振兴贡献自己的一份绵薄之力。

刘亚军

2020 年 6 月 2 日于湘潭大学